マナベの「標語」100

真鍋恒博

彰国社

デザイン＝水野哲也（Watermark）

まえがき

「注意事項、標語にすれば忘れない」

筆者は2012年3月定年退職までの39年間、東京理科大学工学部建築学科で教鞭を執ってきた。大学における教育・指導の内容は、講義・演習や研究だけに限られるわけではなく、研究に関連する「仕事全般の進め方」や、さらに研究室での日常生活全般におけるさまざまな「心得」も含まれる。こうしたことは研究とは別だからと、あまり関与しない方針の研究室もあるだろうが、筆者の研究室では、さまざまな日常の行為についても、こと細かに指導してきた。当然ながら学生は年度ごとに入れ替わるから、同じ注意を毎年のように繰り返すことになる。

そこで、研究室の歴史でもかなり早い時期に、これを「標語」にすることにした。日々の学生指導で口にする注意・指導の内容に、学生諸君のアイデアも加えながらいろいろな標語を考え、それぞれの標語に簡単な解説を付けて文字で残すようにした。年度はじめの研究室ゼミでは、新メンバーに過去の主要論文の講読を課していたが、それに加えて「標語」も必修の講読対象であった。これは学生たちにとって研究に限らず弁《わきま》えるべき基本的・常識的な事項であり、研究とは異なる視点からの重要な教育でもあった。

こうした標語の内容は、いわば理想であって、なかなか完全には実行できないのも事実であり、肝に銘ずるためには繰り返し唱える必要がある。だから「標語」の形にしたのである。誰かが基本手順を踏まないためのミスをすると、近くにいる同僚(や教授までも)が、すかさず「ほらほら○○○だろ」と該当する標語を声高に言い、ミスをした者もユーモアあふれる雰囲気に救われる面もあった。

さまざまな標語は次第に蓄積され、類似標語をまとめて数えてもかなりの項目数になった。この本はこうした標語を、全般的な心得から始まって、資料の収集・整理、会議、スケジュール管理、情報調べ、書類作成、作業全般、文章の書き方、データ処理、研究発表などの内容ごとにまとめて、全体を100の項目に整理し直したものである。大学の研究室という特定の場での、筆者個人の思想に基づく内容ではあるが、さまざまな分野の読者諸氏にも何らかの参考になることを期待して、ここに公にするものである。

なお、この本で取り上げた内容には、世情の変化で現在には当てはまらないものが無いわけではない。しかし環境条件や具体的事例に変化があっても、基本的な思想は変わらないとの考えから、そうした項目もなるべく収録するようにした。

真鍋恒博

目次

第三章

会議とスケジュール管理 051

第四章

情報の調べ方 067

第五章

書類作成のルール 087

全体の前置きとして、全般的な心得に関する標語をいくつか挙げておく。具体的な内容に入る前に、まずは日常の行動・言動について、基本マナーとして弁《わきま》えておくべき事項が多々ある。

大学の研究室にもいろいろな「生活様式」があり、教授と学生のかかわり合いにもいろいろな形や水準がある。無論、どれが良い・正しいなどということはないのだが、筆者の場合は在室時間も長く、学生との距離が近い、いわば「密着型」であったことは間違いない。学生によっては「いちいちうるさい教授だなあ」などと思っていたかもしれないが、細かいことまで丁寧に指導するスタンスには、それなりに「ためになる」面はあったのだ、と信じたい。

第一章

全般的な心得

001

掲示は自分で読んでおけ

大学に入ってそれまでと違うと感じたのは、教師に「さあ、明日から夏休みですよ」などと言われることなく黙って夏休みに入ってしまうことだ、という感想を聞いたことがある。すでに告知されている内容を改めて繰り返すのは、掲示等を見ていないことを容認する過保護な態度なのだが、今やこうしたパターンが標準になっているようにすら思える。授業日程や休講通知などは自分の責任で見ておくものであり、それを念頭に置いてスケジュールを考えておくのが、一人前の社会人として弁《わきま》えるべきルールである。

掲示を見ないと時には危険

学生を引率する海外研修旅行を何度か企画したが、大学生なら絶対にわかる簡単な英語で「立入禁止」と書いてあるのをまったく見ようともせず、誰かが入るとその尻を付いて全員がぞろぞろと入っていくのに驚いたことがある。係員が呆れて怒ったのは言うまでもない。こんな状態では危険な箇所に入ってしまう恐れもあり、地域によっては生命の危険すらある。

路面電車タイプでホームが低いのが珍しいからと、学生が次々と線路に降りるのには仰天。

ある種の群集心理で安全の常識すら喪失している。

READ the NOTICE!!

ENTER
ここが正規の改札口ということぐらい、見ればわかるはず。

誰かが有人（弱者用）改札で何か聞いたら駅員が「一人ぐらいは」と通してくれたが、その後を全員が通ろうとしたのには駅員氏もキレた。


ボストンの地下鉄、グリーンラインでの出来事

掲示は自分で読んでおけ

過保護な案内に頼るなかれ

以前利用していた駅では、ホームの案内や注意喚起の放送がほとんどなく、発車ベルも最少限であった。さすが都会と感心したのだが、ほどなく他社同様のアナウンスが始まったのにはがっかりした。駅ホームでは、発車ベル、駅にちなんだ音楽、注意アナウンス、有人ホームでは笛まで、これでもかと鳴らす。安全のためとはいえ過保護であり、いつも鳴るのでは効果も薄れる。ベルに代わってその駅にちなんだ音楽の断片を鳴らす場合もあるが、それに加えてアナウンスという過保護体質は変わらない。

大学に入った頃、いかにも紳士然たる建築家の教授が、忘れ物について黒板の隅に「○○様、□□が落ちておりました」と書いておられたことがある。子供扱いせず一人前の大人扱いされると、学生も大人のマナーで行動する、と期待したいところ。

作業場所では飲み食いするな

飲み物を脇に置いて作業する者がいるが、書類やパソコンに零《こぼ》さぬよう原則禁止とすべきである。オリジナルの資料を扱う場ではなおさらである。客人にはお茶、のマニュアルどおり会議で飲み物が配られることが多いが、大事な書類がある場合は、さっさと飲み干して器を片付けてしまおう。蓋が開いた飲物を持って電車に乗ってくる呆れた者には極力近づかぬようにしているが、満員の車内ではそうもいかない。マナー云々《うんぬん》の前に即刻禁止とすべきである。

秘伝の書を見せてもらうため、出されたお茶をすぐ飲み干して器を遠ざけることを何年も続けた後に、念願の書を見たいと切り出したらあっさり見せてもらえた、という話を読んだことがあるが、それくらいの慎重さでいきたい。

机に置くのは最小限

講義の際も、机に携帯電話・飲み物・鞄等を置いている者には片付けさせ、授業は娯楽ではないのだから集中せよと最初に言うのだが、学生の様子から推測すると、こうしたことを口

説明に熱中のあまり、書類にケーキがくっついていることに気づかぬH先生。
このコーヒーだって、いつひっくり返るか、気が気じゃない。
「喫茶店で打合せ」はよくあるパターンだが、飲食物はさっさと片付けるか、脇に寄せておこう。

卓上の飲食物には要注意

煩《うるさ》く注意する教師は多くないようである。

卓上は作業スペースであって、物の置き場所ではない。作業スペースの確保、必要な用品の準備、作業の障害の排除、自然な姿勢で作業するための配置等は、すべての作業の前提である。

散らかっていないと仕事ができない、などというのは、単なる言い逃れか、ある種の迷信（本当に信じているなら重症）である。個人の勝手といえばそれまでだが、共同作業の場合には通用しない。

作業の場所はいつも禁煙

以前にはこんな標語もあったが、今ほど禁煙が一般化する前の話である。研究室や製図室には燃え種《ぐさ》が散らかっているから、当然ながら裸火は厳禁である。

落ちているものはすべてゴミ

卓上と同様に床も、余計なものは置かず常に片付けておくべきである。卓上に置く場合も、大事なものは風で飛んだり人が通ったりするだけで落ちるような置き方をしてはならない。複数人数で作業する場合、落ちたままのものを踏まれても、落とした側に非がある。

研究室に冷房が無かった時代は暑さ対策は通風が主だったから、書類が飛ばされないように、セム皮張りの丸い製図用文鎮を多量に用意していた。なお、文鎮は風対策だけでなく、書類のページを開いて押さえておく本来の用途にも、きわめて有用である。

床には直《じか》にもの置くな

床に落としたものはただちに拾うべきである。踏まれたりゴミと思って処分されても、共同作業の場では「置いてあった」などという言い訳は通用しない。そもそも、道具や書類を床に直《じか》に置くのは、自分専用のスペースや特別な制作などを除けば、避けるほうがよい。

書類や道具、住宅ならば新聞や洗濯物などが床に散らかったままで、「掃除しました」など

細部まで描くのは大変だから簡略化。
実際はもっと散らかっているのだが。

こんなのはまだましなほう

と言う者がいるが、物体の下になった部分は掃除できず、物体の上面も床と同様に埃が積もっているのだから、物品を整理し、埃を払い、掃除機は最後にかけるものである。余談だが、大学の研究室などでは、掃除機にゴミがいっぱいに溜まって（異音がして）いても捨てることを知らない者が意外に多い。

落としたものはすぐ拾え

床に落ちているものに気づかず平気で踏んだり蹴飛ばしたりするのは、身の回りのスペースに関心がない証拠。建築を志すか否かにかかわらず、スペースのあり方には常に注意を払っているべきであり、これは安全と効率の基本である。落ちているものはすぐ拾っておこう。もっとも「拾う」行為は公共の場ではみっともないし、変質者や窃盗犯と間違えられる恐れもあるから要注意。

鞄の蓋は閉めておけ

重要書類をフォルダに挟んで屋外を歩いたら強風で飛ばされ、皆で探して数十枚の書類を回収したものの「当初何枚あったか記録が無い」ため全部回収できたかどうかが確認できず、さらに翌日50人体制で探した、というニュースを見たことがある。その後どうなったか知らないが、「これで全部」と証明できないため困ったと憶測する。反省点として、重要書類に控えがないことや、枚数を数えていなかったこと等が挙げられるが、根本原因は不完全な荷姿で強風の屋外を持ち歩いたことにある。

大事なものは裸で持つな

ちょっとした距離の場合、ついつい屋内の延長のまま屋外に出てしまうことがあるが、強風など悪天候時の屋外歩行は、運搬するものを傷つける危険があることは言うまでもない。書類は裸の状態では決して持ち歩かず、容器に入れて蓋をして運ぶべきであり、屋内の移動でも油断すべきではない。紐付き封筒や硬紙製書類箱などは昔からあり、現代では洒落《しゃれ》たデザインの

トートバッグ
丈夫な手提げ袋を専用に準備しておく。この「理科大バッグ」のマーク（校章）は筆者のデザイン。
風呂敷
きわめて利便性の高い包装・運搬用具。随所に何枚か用意しておこう。
紙袋
便利で気軽に使えるが、運搬中に破れると悲劇。重量物や湿ったものには使用厳禁。
今のところ無料で入手できるが、いつまで……。
裸で運べば落とす恐れあり。
書類にはページ番号（分数形式）
→038参照

大事なものは裸で運ぶな

書類ケースも充実している。書類は「ばら」で運搬してはならない。

大事なものを運ぶ場合は、うっかり落としても内容物が散乱せぬよう、必ず蓋をロックしておく。パソコン等を裸で抱えて移動しているのをしばしば見掛けるが、落とす心配がないよう、必ず手提げバッグ等を使うべきである。

バックアップを必ず残せ

重要書類はバックアップを取っておくのが基本である。いまどきパソコンにデータが残っていないことは考えられないが、守秘情報のコピー制限と安全用のバックアップとを混同すべきではない。また、書類には必ずページ番号を付け、内容ごとに分けて綴じ、書類一覧を作って全体像を把握しておくべきだが、これについては第5章「書類作成のルール」で詳しく述べたい。

005

緩んだネジはすぐ締めよ

緩んだネジをそのままにしておくと壊れる。オランダで堤防にできた孔に気づいて素手で守った少年の寓話を挙げるまでもなく、わずかな劣化も放置せず、ただちに補修しなければ、より大きい被害をもたらすことを認識すべきである。

これは物理的劣化だけでなく、人間関係にも当てはまる。些細なことで気まずくなったと思ったら、すぐに誤解や不信を解いておこう。もっともこれは理想論で、実際はなかなかそうもいかない。そもそも「標語」たるもの、ある種の理想論である。

ハンドバッグにセメダイン

バッグにいつもセメダインの小さいチューブを入れている女性がいた。飲んでいるときにカウンターのレザーが剝がれかけているのに気づくと、「気になるさかい」(関西弁)と修理した。これにいたく感動して、彼女に惚れ直したのを思い出す。たしかにほころびは気になり、放置すれば傷みは進行するから、店の人に修理を指示する前に自分で修理してしまうほうが早い。

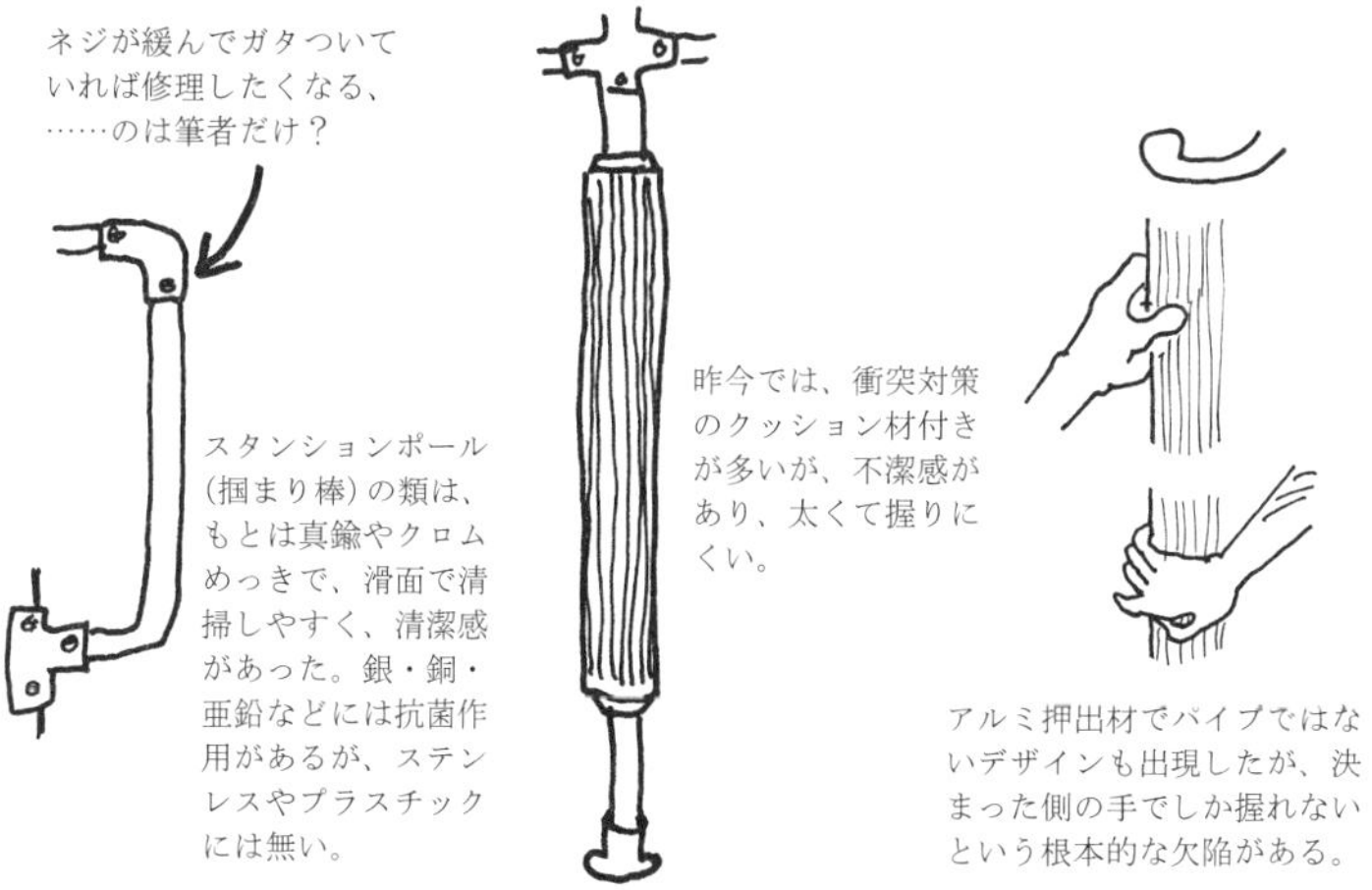
ネジが緩んでガタついていれば修理したくなる、……のは筆者だけ？
スタンションポール(掴まり棒)の類は、もとは真鍮やクロムめっきで、滑面で清掃しやすく、清潔感があった。銀・銅・亜鉛などには抗菌作用があるが、ステンレスやプラスチックには無い。
昨今では、衝突対策のクッション材付きが多いが、不潔感があり、太くて握りにくい。
アルミ押出材でパイプではないデザインも出現したが、決まった側の手でしか握れないという根本的な欠陥がある。

工具を出すのも場所次第

ショルダーバッグにドライバー

さらに度が進むとこういう標語になるが、道具を持ち運んでいると場合によっては怪しまれるから、要注意である。たとえば錠のピッキング用工具と見なされる物は、携帯しているだけで捕まる恐れがある。(特殊開錠用具の所持の禁止等に関する法律)。

路線バスの掴まり棒(スタンションポール)のネジが緩んでいたことがある。放置すると破損が進むから、たまたまドライバーを持っていたので締めていたら、運転手に「お客さ〜ん、何してるんすか!」と咎められたことがある。言い訳しても理解してもらえず、行為の必然性を論理的に説明すると変人扱いされる。勝手に修理せず、運転手に「あそこがガタガタしてるんですけど」と告げるという、正当な手順によるべきだった。でもやっぱり、さっさと直してしまったほうが早いのだけどなあ。

突然の3分間スピーチ

仕事の後は気分を切り替えてリフレッシュしよう。筆者の研究室ではゼミ発表、論文発表、大掃除等々のたびに実によく飲んだものである。皆で飲み食いする会は、メンバー全員が相互のコミュニケーションを図る絶好の機会だから、親しい者同士だけとか、席が近い者だけと話すのでは、研究室全体の宴会としては意味がない。だからこうした会では、ランダム指定席や、席のローテーションなどをしていた。

こうした飲み会では、突然「スピーチタイム!」を宣言し、何人かを指名してスピーチをさせることがあった。しかし突然指名されると「えっ、えっ、何喋ればいい?」などと隣の者にぐずぐず言うだけでスピーチをせずに誤魔化そうとする者もいる。しかしそれではあまりになさけないし、自分の言いたいことを言うせっかくの機会なのにもったいない。潔《いさぎよ》く立って自信を持って、大きな声で話すのが理想だが、これは要するに慣れである。突然指名されても慌てず、その場の雰囲気にふさわしい内容を簡潔に話せるようにしよう。人前《ひとまえ》で臆せず堂々と自分の意見を言うことができれば、いろいろな場で大いに役立つであろう。これも慣れと訓練の問題なのだから、なるべく練習しておこう。

人前で話すときにはオペラ声

原稿読むのじゃつまらない

研究発表等であらかじめ出番がわかっている場合は準備万端整えて臨むのは当然だが、用意した内容どおりに話すだけではつまらない。その場の雰囲気や直前のハプニングも折り込んだアドリブを加えるぐらいの臨機応変さが欲しい。そこまでいかないにしても、原稿の読み上げだけというのは避けたい。

大事な話はメモしておこう

一方で人の話を聞く側についてだが、地味な内容のスピーチや、馬鹿話のような会話の中にも、普段は出てこないようなヒントが含まれていることもある。人の話をよく聞いて、これは面白いと思ったことや大事な話は、忘れないうちに、さりげなくメモしておこう。

事あるごとに集合写真

何かの行事で何人集まったか、特定の人物が出席していたか、などを後から調べようと思って写真を見ることがある。しかし写真を見てみると「ピース」をしている顔ばかりで、出席者全員の顔が判別できる写真が無い場合がある。そんな写真では、会合を開いたことの記録としての価値はない。

ある程度の人数が集まるときは必ず全員で集合写真を撮る習慣にしておけば、記念に残す写真や参加者に配る写真もそれ1枚で済む。研究室の行事や建築視察ツアーなどでは、要所ごとに点呼を兼ねて「集合写真！」コールを掛けるようにしていた。

撮ってる人は写らない

全員の写真を撮るには三脚を使うか第三者に頼む必要がある。やむを得ない場合は撮影者が交替して2枚撮るが、ほとんど同じ写真を2枚残さないと記録にならない。団体旅行では添乗員が撮ってくれるが、それではいろいろ世話になった添乗員氏の姿が残らない。交替で撮った

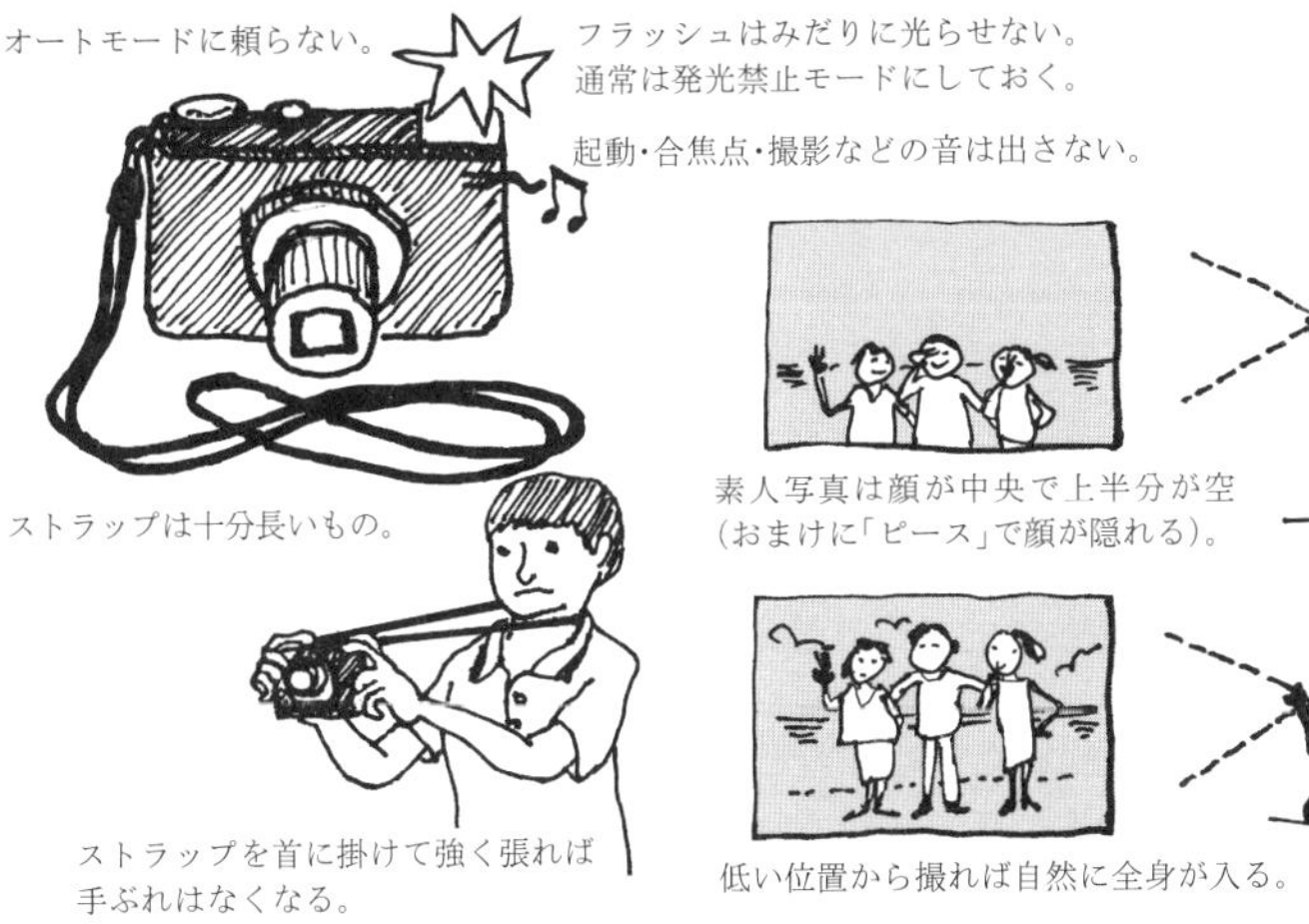
オートモードに頼らない。
フラッシュはみだりに光らせない。
通常は発光禁止モードにしておく。
起動・合焦点・撮影などの音は出さない。
ストラップは十分長いもの。
素人写真は顔が中央で上半分が空
(おまけに「ピース」で顔が隠れる)。
ストラップを首に掛けて強く張れば
手ぶれはなくなる。
低い位置から撮れば自然に全身が入る。

集合写真撮影のコツ

写真を合成する方法もあるが、三脚が無いとカメラの画角が毎回微妙に異なる上に、人は必ず動くため、実際はなかなか難しい。

手ぶれとアングル要注意

三脚が無い場合には、カメラをどこかに置いて撮れば、全員の集合写真が可能なほか、手ぶれ対策にもなる。しかしカメラを置いてその場を離れるわけだから、予期せぬ破損事故や、国によっては盗難の恐れもある。また、撮り慣れた人でないかぎり顔を画面中央にする傾向があるため、見知らぬ通行人に撮影を頼むと、十中八九《じゅっちゅうはっく》上半分が空で足が切れた写真になる。しかたがないから「人に頼んでおきながら失礼ですが」などと言いながら、しつこくカメラアングルを指示せざるを得ない。無論、中には「わかってますから!」と、完璧なアングルで手ぶれのない写真を撮ってくれる人もいる。

008

土曜日には汗を流そう

集中状態は長くは続かず、無理をしてもかえって効率が落ちる。10時と3時の「おやつ」には意味があり、適宜休憩を取って気力と体力を回復し血中糖度を維持することは、安全と効率のための基本である。一日のうちに何らかの運動をする習慣も好ましい。一日の時間配分だけでなく、週に一度は意識して生活パターンを変えるのも大切である。

研究室開設後まもない頃は、年度初めの週末には環境整備のために収納家具製作などの作業をしていた。研究とは違う楽しさと刺激があり、道具の使い方に慣れる意味もあった。類似の標語に「昼休みにはシェイプアップ」「週に一度は余裕の日」などがある。なお「土曜日には汗を流そう」も良い呼びかけの言葉だが、これは、1973(昭和48)年頃の伊勢丹デパートの広告にあった文言をそのまま採用した(パクった、とも言う)もの。

自転車乗るならヘルメット

定期的に体を動かすには、距離・道路・駐輪などの条件が適切であれば、自転車通勤も良い。

自転車乗るにもコツがある

長く続ければ贅《ぜい》肉も取れ、風邪も引かなくなる。ある程度のスピードで走らなければ面白くないし、そのためには当然ながら車道を走る。車道を走っては危ないなどと言う人もいるが、そもそも自転車は車道走行が原則であって、本来は歩道を走るべきではない。それに幹線道路は見通しが良く、歩行者や自転車の飛出しも少ないから、むしろ裏道より安全なのである。

ただし不慣れなうちは危険が伴うのも事実だから、乗車技術を体得し、交通ルールやマナーを身につけなければならない。車体にはライトとバックミラーを装備し、乗車時にはヘルメットと手袋は必ず着用する。交通障害保険も必須事項である。

イヤホン着用の自転車を見掛けることも多いが、当然ながら厳禁であり、スマホを見ながらの自転車など言語道断。なお、何事をするにも本格的な装備には費用がかかるが、性能不十分な道具を使って怪我をしたのでは元も子もない。

役立つ標語は大いにパクろう

（著作権には要注意）

さまざまな問題を自力で解決していくのは、自己責任で生きる際の基本である。しかしすべてを自力で解決するのは無理と言ってよい。他人や既存のものから見聞きしたことでも、ためになると思ったら大いに活用すればよい。オリジナリティー重視で安易に他人の真似《まね》をせず、という自立の精神も無論貴重だが、それが「ためになる」ことなら、あまり堅く考えず、大いに活用すればよい。ただし引用元の明記や、著作権などがからむ場合の扱いには要注意であることは言うまでもない。

第二章

資料の収集と整理

研究に限らずさまざまな仕事において、資料の収集・整理は不可欠である。適切な資料を効率良く収集し、集めた資料は使いやすく整理し、必要なものは一定の方法・形式で保存する、という一連の作業は、いかなる作業についても共通の基本事項である。

正確で効率の良い作業のためには、いろいろな注意事項がある。さまざまな種類・形式の情報を収集して使いやすい形に整理する過程にも、さまざまな方法、ルール、コツなどがある。集める情報にもいろいろな形のものがあり、それぞれの種類・形式ごとに、扱う上でのルールがある。

こうした情報の収集・整理の技術は、どんな仕事をする上でも基本的に弁《わきま》えておくべきことである。

009

有名どころは知っておけ

現役の大学教授の時には、例年春休みに海外の有名建築を見る旅を企画していた。自分が見たい・見せたいと思う対象を選んで旅行社とコースを検討し、参加者募集も自分で行った。こうした一連のツアーでは、かなりの数の、いわば「定番」の有名建築を見たが、当然ながらあらかじめリストアップした視察対象以外にも、さまざまな建築や風景や人の営みを見る。書籍や雑誌に登場する有名建築以外の「普通の建築」にも、いろいろ興味深い発見がある。

景色見なけりゃもったいない

筆者は移動中も極力寝ず、景色を見たり写真を撮ったりしているのだが、隊員（０１１参照）たちの多くは移動中は寝ている。そんな様子を見ると「おそらくもう一生見られない景色なのに、何ともったいないことか」と思ったものである。有名建築だけでなく、それ以外の建物や景色にも見る価値は大いにある。「これが有名なのだ」と他人が評価したものを受け身の態度で見るだけでなく、自分の目で幅広く見聞しておきたい。

類似標語　073「データは値より比を示せ」　080「分類の前にまず知識」

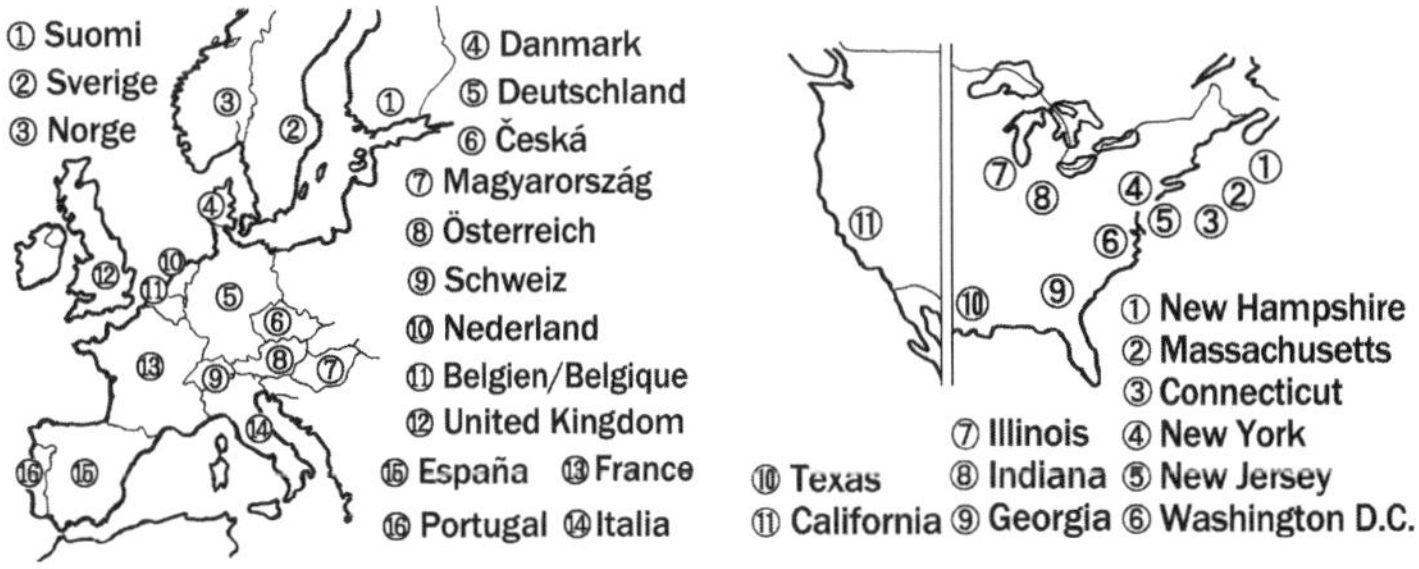

現役教授時代に学生建築ツアーを企画していた。大学業務の多忙化でやめるまでに13回実施。視察対象の都市や建物は書き切れないからヨーロッパは国名（ちょっと気障《きざ》に現地語で）、アメリカは州名を示しておく。

著名建築は見ておきたい

事前の準備がものを言う

とは言え、いわば「定番」の視察対象を、やはり一通り見た上でこそ、本当の価値がわかる面もある。事前の予習や帰った後の復習（追加調査）も重要であり、視察対象に関する知識が充実すればさらに興味も湧いて、旅はますます面白いものになる。

「知識は創造の足枷《かせ》」などと嘯《うそぶ》く者もいるが、むしろ「知識は創造の基本」と考えるべきである（080参照）。予備知識はできるだけ学んでから旅に出るようにしよう。

「石清水参り」（徒然草第52段「先達はあらまほしき事なり」）にもあるように、予習なしで行って、肝心の視察対象に気づかず通り過ぎてしまう、などというもったいなくも恥ずかしい結果にならぬようにしたい。

010

電車に乗ったら外を見よう

ひと昔前の車内の子供たちは、ロングシートの座席では外が見えないので、行儀の良い子は（靴底が迷惑にならぬよう）靴をきちんと揃えて脱ぎ、そうじゃない子は靴のまま、窓側を向いて席に立膝または正座で座って、窓の外を見て1オクターブ高い声で喧噪に話している、というのが一般的であった。

いっぽう大人の乗客は、乗り慣れていて今さら景色を見るような幼稚な態度はとらぬ、とばかりにさっさと日除けカーテンを閉め、居眠りか新聞を読むかが一般的で、それが大人の態度らしい振舞いであった。

昔の子供は賑やかだった

筆者も幼少時には、乗り物では（靴を脱いで揃えたかは記憶がないが、おそらく）行儀良く外を見ていた。よい歳の老人になった今も、移動中は居眠りせず景色を見る習性は抜けず、移動中のバスで眠っていないのは自分だけ、というのも珍しくない。ロングシート車では外向き

スマホやゲームより外の景色に興味を持とう。
窓向きに座るのは子供の特権。

電車に乗ったら外を見よう

に座りたい衝動に駆られるが、大人になってからはさすがに実行したことはない。
しかしいまどきの子供たちは、乗り込んだらゲーム機を取り出して遊びはじめ、友達同士で騒ぐなどはしない。近年では乗客の大半は、乗車中ずっとスマホをいじっている。車内が静かなのは良いとしても、もっと自分の目で外の景色を見たまえ、などと叫びたくもなる。

外の景色に興味を持とう

見飽きたつもりの景色でも、季節、天候、時間などで表情をさまざまに変えるものである。そうした意識で見ていれば必ず新たな発見がある。情報源のはっきりしないネット情報に浸っているのではなく、実物を、自分の目でよく観察する習慣を身につけよう。

旅には地図と時刻表

旅行に出掛ける際は、地図・時刻表・現地資料など必要な情報を入手し、よく読んでおく。昨今よくある登山者の遭難も、地図など持たず（持っていても読めず）ガイドの尻を付いて歩くだけ、という他人任せの態度が原因の一つではないだろうか。

ものは自分の目で見よう

学生を引率して海外建築視察に行く際は、物見遊山に終わらぬように、事前の準備を重視していた。参加者全員で分担して作成した視察対象の資料は、出発前に全編を読破すること（未了者は往路の機内での読破）を義務づけていた。また地図やガイドブックも、なるべく各自で用意するよう指示していた。

無論これは理想であり、実際にはバス移動中は多くの隊員（「団員」「団長」ではなく「隊員」「隊長」と呼んでいた）が寝ており、事前に作った資料もよく見ず、現地に着いてもこれから何を見学するか把握せぬままぞろぞろと前の者に付いて歩く、という者がいたことは否定でき

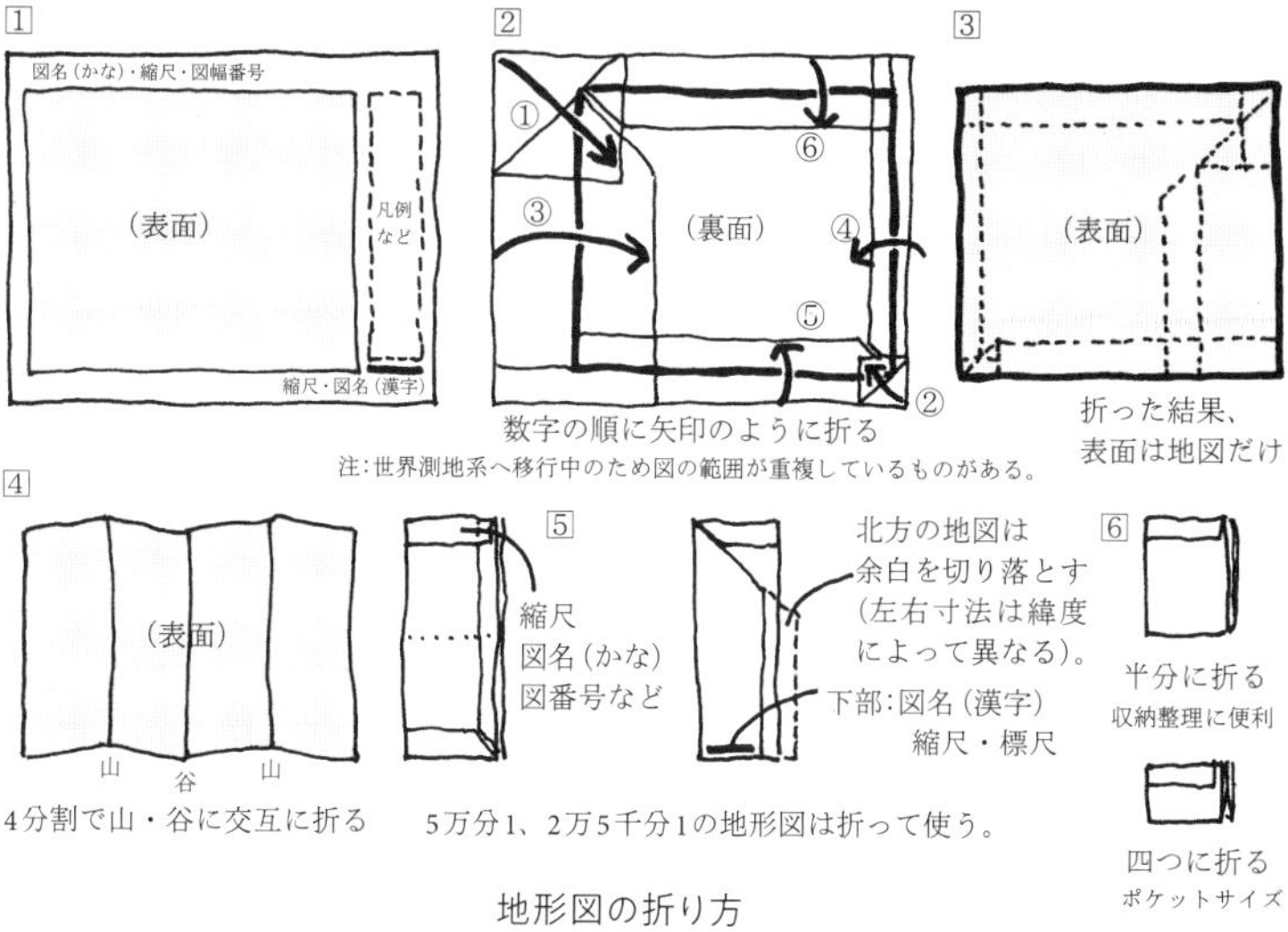

地形図の折り方

ない。しかし大部分の隊員は、真面目に準備や記録を実行していた。

ポケットの中にはメモ帳とカメラ

旅行には常に地図を携行し、カメラ・メモ帳・筆記用具、さらに小型のライトや巻尺（じゃまにならず、すぐ取り出せる状態で）、訪問地（建築、都市、地域など）に関する資料なども必需品である。筆者は旅行には必ず地図を持参し、現地でも地図を買うことが多い。

見聞きしたことを忘れてしまってはもったいない。せっかく行った旅行なのだから、記憶・記録に残すために、メモを取る習慣をつけよう。暗闇やポケットの中で、よそ見の姿勢でメモが取れるようになれば、かなり強力な武器になる。なお、「ポケットの中にはメモ帳とカメラ」は「ふしぎなポケット」（まど・みちお作詞、渡辺茂作曲）のメロディーで歌う。

012

旅に行ったら現地の食事

旅行はその土地の物や文化に触れるチャンスである。しかし、せっかく海外へ行くのに、現地の料理は食べ慣れていないから日本料理店があれば迷わず入る、という人もいる。筆者が若い頃に団長を引き受けた海外視察も、日本食レストラン優先であった。せっかく行っても現地のものを食べないのでは、いかにももったいない。その種の海外視察の団長は初回で懲《こ》り、以後は学生対象の建築視察ツアーを自分で企画するようになった。コストを抑えた学生ツアーで、朝食以外は基本的に自力で現地のものを食べるように（「放牧」と称して）指導していたが、最初は戸惑う学生もすぐに慣れ、現地の食事を楽しんでいた。

土地の名物必ず食べよう

未知の土地へ行くのは、見聞を広げる良い機会である。自分の経験・知識・生活態度などに囚《とら》われて偏狭になりがちなところを踏み越えて自己拡大するという意味でも、こうした機会はこれからの人生に生かしていこう。未知の場所に行く場合は、せっかくのチャンスなのだから

旅に行ったら現地の食事

（無論、出張などの場合は本来の業務が優先なのだが）、できるだけ幅広いものを体験しよう。特にその土地の食べ物は、必ず食べておきたい。そこに住む人がどんなものを食べているかを知ることは、見聞を広げるための基本事項なのである。

旅に行くなら漁港に寄ろう

就職した教え子から、社員旅行で伊豆半島へドライブに行ったが、誰からも現地の魚料理店に寄る提案がないまま漁村を通過し、都会と同じ普通の食堂に入ったのがとても不思議だった、という話を聞いたことがある。食に限らないが、せっかく旅行に行ったのなら、その土地のものを体験したい。特にわが国は海産物に恵まれているのだから、漁港に行ったら魚を食べよう。

写真は撮ったらすぐ整理

旅行や調査から帰ったら、集めた資料や撮った写真は早いうちに整理しておこう。時間が経ってしまうと次第に記憶は薄れ、資料も散逸するなど整理も面倒になり、次のイベントが始まってしまうと、もはや整理は不可能になる。

筆者は写真を多量に撮るが、撮った写真は忘れないうちに整理してしまわないと収拾がつかなくなる。フィルムの時代には、主な写真をアルバムに貼って整理するのが一般的であり、ネガやスライドはリストで管理し、研究室でも年に数冊のアルバムを作っていた。フィルムから電子媒体に移行し、撮影量も圧倒的に増えた現在では、年月日と件名を付けたフォルダに入れるぐらいが現実的な整理法である。必要な写真はフォルダ名で検索すればよい。

茶碗は飲んだらすぐ洗え

写真の整理に限らず、やりかけの仕事を放置せず、さっさと安全で安定した状態にまで処理してしまうことを徹底しておきたい。飲み物を手近に置いて作業する習慣の者がいるが、グラ

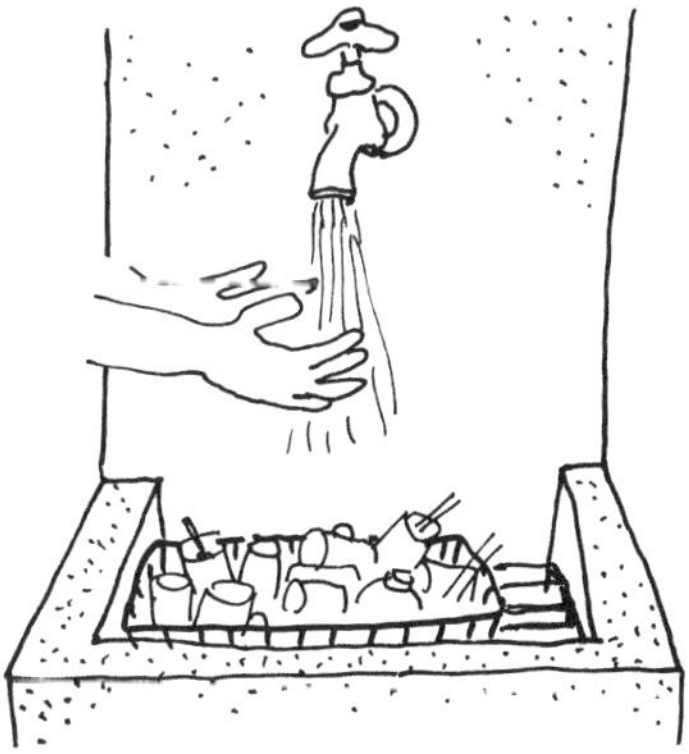

実験室のため掃除用流しが1か所あるだけだから多目的に使うのは当然としても、食器の上で平気で手を洗う者がいたのには唖然。飲んだままで洗っていない食器が溜まっているのも気になる。これは以前、某大学で実際に見た光景である。

茶碗は飲んだらすぐ洗え

スや湯飲みは零《こぼ》しそうで気になる。研究室では卓上に放置されたカップを教授自ら洗っていたものだが、気づいた学生は「あっ先生、すみません、やります、やります」と言う。しかし小生にとって食器洗いは何ら苦痛ではなく、手を濡らすのは脳の刺激にもなり、寧《むし》ろ好きな作業であった。

茶碗の上では雑巾《ぞうきん》絞るな

こういう表現は憚《はばか》られるが、実にいろいろな「育ち」の者がいる。使った食器は流しに置いておけば「『誰か』が洗ってくれる」という甘えた態度（または単に気づかないだけ）の者がいるが、これは許せない。しかも、使った食器を洗わぬまま置くに留まらず、湯飲みの上で手を洗う者や、その上で雑巾を絞る者までいる（某大学で実際に目撃した）のには唖《あ》然とした。「茶碗の上では雑巾絞るな」などという標語は作りたくもない。

ソフトは視覚化・ハード化せよ

曖昧になりがちな概念を整理するには、頭で考えるだけでなく、文字や図表によるヴィジュアル化が基本である。字で書いて整理する場合も、いろいろな要素を一つの項目に混ぜてだらだらと文章で書くのではなく、小単位ごとに箇条書きに、すなわちユニット化すると、わかりやすい。

さらに、頭の中だけ（ソフト）で考えるのではなく、文字や図などの具体的な形（ハード）にすること（ソフトのハード化）によって、抽象的で曖昧な概念も整理しやすくなって、並べ替え等の整理も容易になる。

物や情報は視覚化せよ

資料はデータベース化して番号で管理すればよい、というのは電子化時代では正論だが、物自体を物理的に分けておくほうがわかりやすい面もある。複数の会計単位があっても帳簿の上できちんと分類整理してあれば、お金自体は分けておく必要がないのは確かである。しかし現

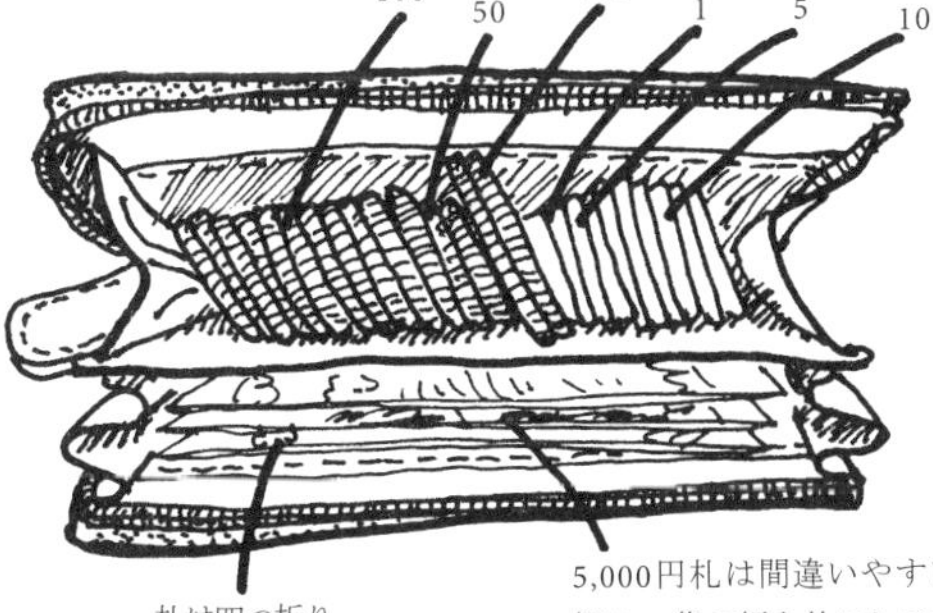
両端には使用頻度の高い10円玉と100円玉。
100
50
500
1
5
10円硬貨
札は四つ折り。
5,000円札は間違いやすいので
樋口一葉の顔を外にして折る。

財布の中は、ときどき金額の確認を兼ねてこのように整理しておく。
暗い所でも取り出しやすく便利。
「そんなの無理、無理」と言わず、試してみてはいかが？

財布の中身もユニット化

金の授受が基本であった時代には、家計を無駄なく切り盛りする手法として、用途が決まっているお金はあらかじめ袋に分けて支払日まで置く方法が行われていた。

帳簿（金銭以外ならば管理台帳など）さえ作成（ソフトで管理）しておけばよい、というのはある種の理想論であって、物自体（ハード）を分類しておくほうが確実であるという面もある。支払うお金も、あらかじめ用途・期日などをメモした封筒に入れておくという「確実な」方法も、あながち否定できない。

類似の標語に「ソフトもハードもユニット化」（概念も実体も同様に分類整理せよ）がある。また「財布の中身もユニット化」は、筆者は長年実行している。お札や硬貨を種類別に順序よく分けておけば、取り出す際にきわめて便利である。

015

進捗状況グラフで把握

仕事の進捗状況は、折れ線グラフで表すと直観的によくわかる。縦軸に一日の仕事量とその累計、横軸に日程を取って折れ線グラフで表す。仕事の処理能力でグラフの勾配が決まるから、予測される処理速度に従って目標の斜線を書いておく。多くの場合、進度は予定より遅れるが、習熟効果もあって(追い詰められて)処理速度は次第に加速する傾向がある。目標ラインは何度か右へシフトし、予想進度グラフも次第に急勾配になっていくのは、自然な現象である。

対数目盛も向き不向き

資料収集やカード作りなど量の集積自体に意味がある作業では、進捗状況を可視化しておけばペースが把握しやすい。共同作業の場合、互いの進捗状況も把握可能である。こうしたグラフを作成する際は、習熟効果を考えると縦軸を対数目盛りにするほうが実態に合う、との説もありそうだが、グラフの勾配が次第に急になっていくのは快感でもある。進捗状況の可視化やその掲示は、ある種の自己満足でもあり、元気の出るおまじないでもある。

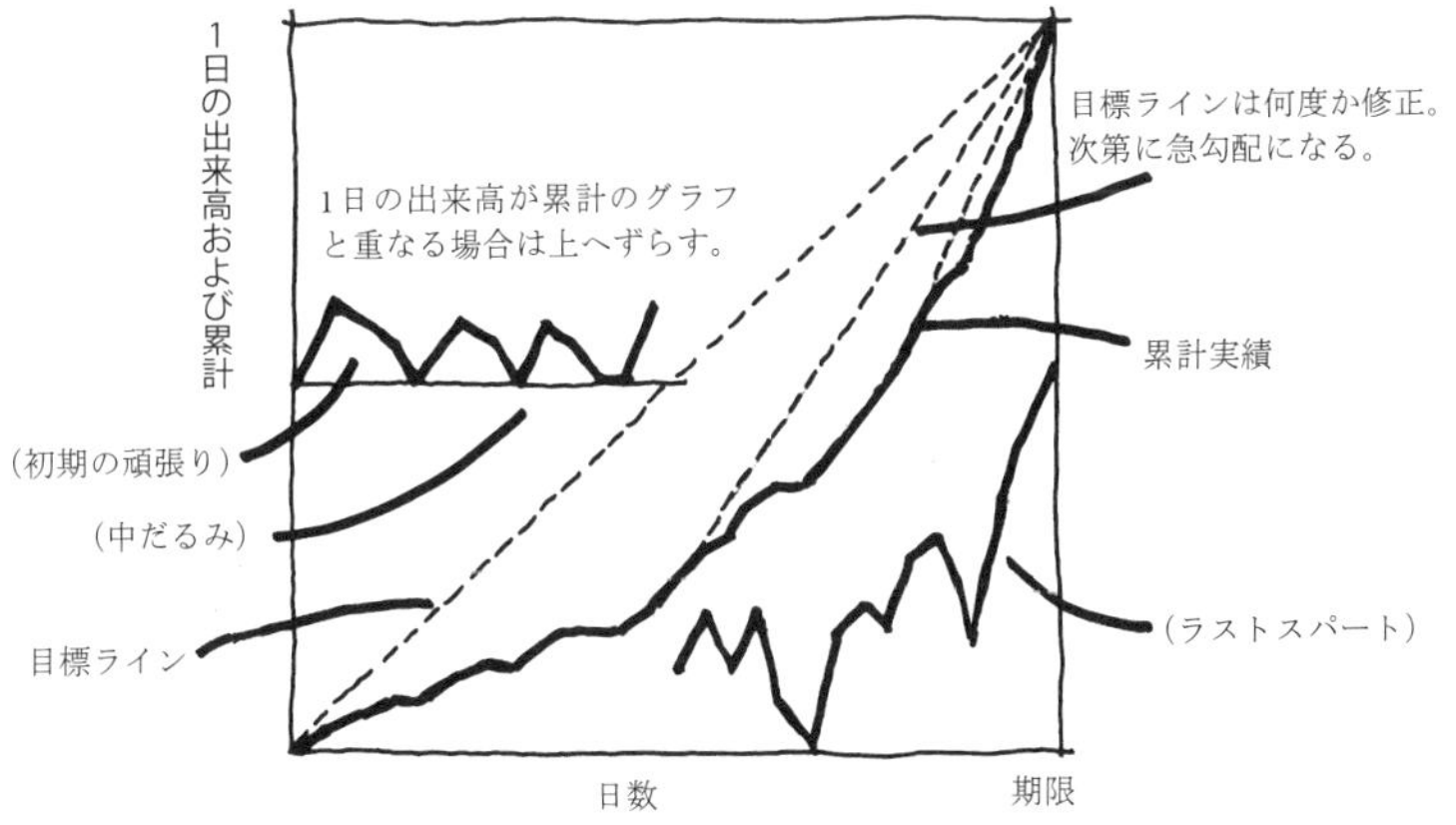

エクセルを使うより手書きで毎日記入していくほうが楽しい

進捗状況グラフで把握

定性表現要注意

「あの作業はどこまで進んだか」という質問に対して「かなり進みました」とか「まあまあのペースです」などといった定性的な答え方は、よほどの以心伝心の関係でなければ、すべきではない。客観的事実を具体的・定量的に伝達し、その評価については(言うべき状況であれば)付加的に言えばよい。

学生時代に某設計事務所に実習で通っていた時のことだが、修正見積の結果を見た所員が「先生、ずいぶん下がりました!」と報告したら、所長は「ずいぶんかどうかは私が判断する。君は『いくらがいくらに下がったか』を報告すればよい」と(冷酷なトーンで、少々意地悪く)言った。所員は憮《ぶ》然としていたが、傍《かたわ》らで聞いていてまことにもっともだと思った。

016

整理は置き場所決めること

出掛ける寸前になって鍵や携帯電話が見つからず焦ることがあるが、置き場所を決め、面倒でも必ず定位置に置く習慣があれば、こんな事態は回避できる。情報についても同様で、入手した情報を、頭の中・パソコン・棚等の、どの位置に収納するかを決めておく必要がある。置き場所が定まっていないと、探す時間と労力を無駄に費やすことになる。

筆者の研究室の主要テーマは「手法の体系化」、すなわち、さまざまな構法を体系的に分類・整理する研究であったが、その本質は「置き場所を決めること」に他ならない。

大事なものはファイルにしまえ

仕事の開始にはまず仕事ごとのファイルを作り、そのファイルの中も項目ごとにインデックスで区分し、データは所定の順にきちんと整理する。「ひとまず仮に」と思って袋に入れたままそこらに積んでおくと、早晩混乱して役に立たなくなる。逆に言えば、必要な書類には必ず置き場所が決まっているはずだから、所定のファイルに整理された書類以外はゴミ、ということ

類似標語　003「落ちているものはすべてゴミ」 046「ファイルの背にはタイトル明示」

「003」から何年か経った状況、のつもり。
物は確実に増えていく。

相変わらず散らかっている

とになる（003参照）。これは主として紙媒体の情報が主体であった時代のことだが、データの形式が変わったり電子化されたとしても、この原則は変わらない。

ゴミ箱にするな仮置き場

入手した資料をすぐに整理できない場合は、取りあえず仮置きしておいて、後で整理することになる。これはしかたがないことではあるが、できるだけ早く本来あるべき位置に納めなければならない。やむを得ず仮置きする際も、その置き場所や、仮置きであることの明示（目印）などのルールをはっきり決めておく必要がある。そのまま放置してしまうと重要な資料もゴミ同様になってしまう。会議や作業が終わったら、その場でファイル整理を済ませてから次の仕事に着手しよう。

一人の仕事も二重人格

グループで仕事をする際には、「作業させる」立場と「作業する」立場がある。設計の場合、プランやデザインを考えるアーキテクトと、その指示に従って図面を作成するドラフトマンがこれに相当する。設計内容についてある程度考えを進めたら、その結果をいったんきちんとした図面にする。これによって、フリーハンドのスケッチではチェックしきれなかった問題もはっきりして、それを客観的な視点から見直すことで次の段階の検討に入ることができる。

とにかく一度、形にしてから

このように、段階ごとにその時点での結論を明確にして、まだ決まっていない事項でもまずは一応の案を作って、他人に説明できる段階の成果物の形にするのである。複数人数で作業する場合は、情報共有が作業の各段階で必要だが、当然ながら形式化した無駄なプレゼンテーションは省略すべきである。しかしどのような方法にせよ、情報伝達のためには何らかのプレゼンテーションが必要であり、それによって仕事内容は客観化される。

一人の仕事も二重人格

指示する側とされる側

これは自分一人の作業の場合も同じである。粗案をある程度検討したらいったんきちんとした図面にまとめるが、その作業ではドラフトマンになりきって内容の見直しは敢《あ》えて行わず、あくまでその段階を図面化する。できた図面は、今度はアーキテクトの視点からドラフトマンが描いた内容をチェックする。つまり、作業の発注側と受注側の人格を「演じ分ける」のである。

二つの立場を混同したのでは、いつまでも未完成のスケッチから脱することができない。また何らかの事情で作業が遅滞した場合も、その段階での「清書」があれば、緊急避難として提出物の代用とすることもできよう。これは設計に限らず、あらゆる制作過程に共通の「仕事の進め方」なのである。

018

それだけ見たらすむように

論文の添削を何度もやり取りする場合、どこを直すよう指示したか、指摘したほうも忘れてしまうことがある。変更を指示した箇所を元に戻すように指摘したり、指摘箇所の修正を忘れている者に「何だか前に言ったような気もするが」と思いながらも同じ指摘を繰り返すなど、無駄な作業の原因になることもある。しかし、前回までの修正過程をまとめて綴じておけば、添削の経過を遡《さかのぼ》るのも容易であり、こうした無駄は避けられる。

添削には旧稿を添えて

このように、文書を何度もチェックする場合は、修正の経緯がわかるようにしておくとよい。具体的には、添削履歴の新しいものを上にして重ねて綴じたものの上に、最新版をクリップで留めておけば、修正経緯の確認に便利である。修正を指示された箇所については、次段階のチェックを受ける際に修正箇所をマーカー等で表示しておけば、どう修正したのかがはっきりわかり、前段階で指摘した修正意見が正しく反映されているかどうかが一目瞭然になる。

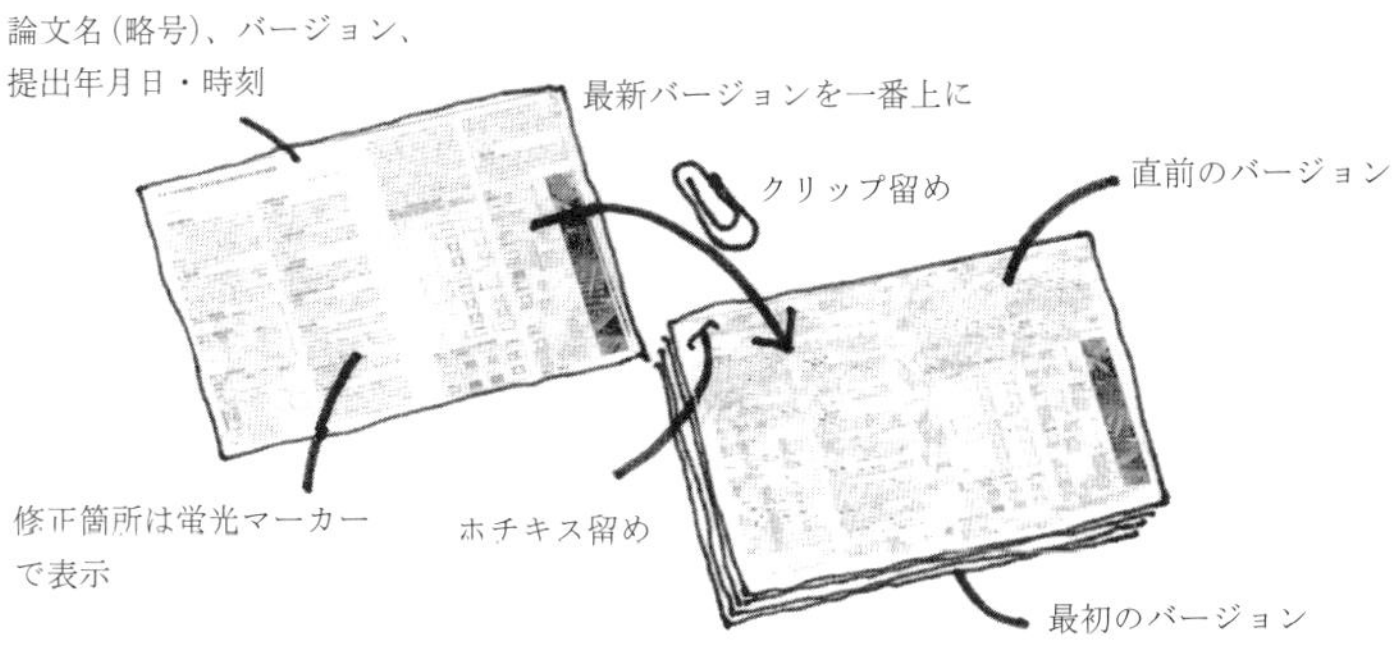

添削には旧稿を添えて

書類の一部を訂正する場合、変更後の原稿だけを示したのでは、変更した部分がわからない。修正箇所が多い場合は、修正を記入した旧文面と、その結果としてでき上がった文面との両方を提示するとわかりやすい。

論文指導は日本語から

卒業論文等の指導では、提出期日が迫っているとすべてを詳細に読んで指導する余裕はなく、梗概や発表原稿の指導が精一杯、という場合もある。しかし論文として読むにたえるものを要求する場合は、綿密な指導が欠かせない。

正しい日本語で書いてこそ、論文の内容を正確に発表することができるのは当然だが、美文・名文である必要はなく、論理的に正しい内容を客観的かつ正確に伝えられればよい。こうした作文能力は、いかなる分野でも必要である。

019

コピーの指示にもマニュアル作れ

直接会って指示する場合でも、念のためメモを添えるほうが確実である。ただし形式にこだわって余計な作業が増えては意味がない。目的に合った最小限の書式を考えておくべきである。たとえばコピーを誰かに頼む場合、ページ範囲、用紙サイズ、必要部数などを確実に伝えなければならないが、口頭では間違いが付き物だから必ず指示書を渡す。いちいち書くのは面倒で指示漏れもあり得るから、チェック形式の指示伝票を用意しておくとよい。

注文にはマニュアル、伝言にはメモ

たとえば留守中にかかってきた電話の内容を伝える場合も、相手・日時・用件・必要措置等の項目を書いて残しておく。不在時にかかってきた電話について報告する場合も、口頭だけでは済ませないルールにしておけば確実である。

こうした「メモ主義」とは対極の「メモなどに頼らずしっかり覚えておけ」という思想もある。しかし記憶に頼るのは危険であり、音声情報には聞き間違いもある。

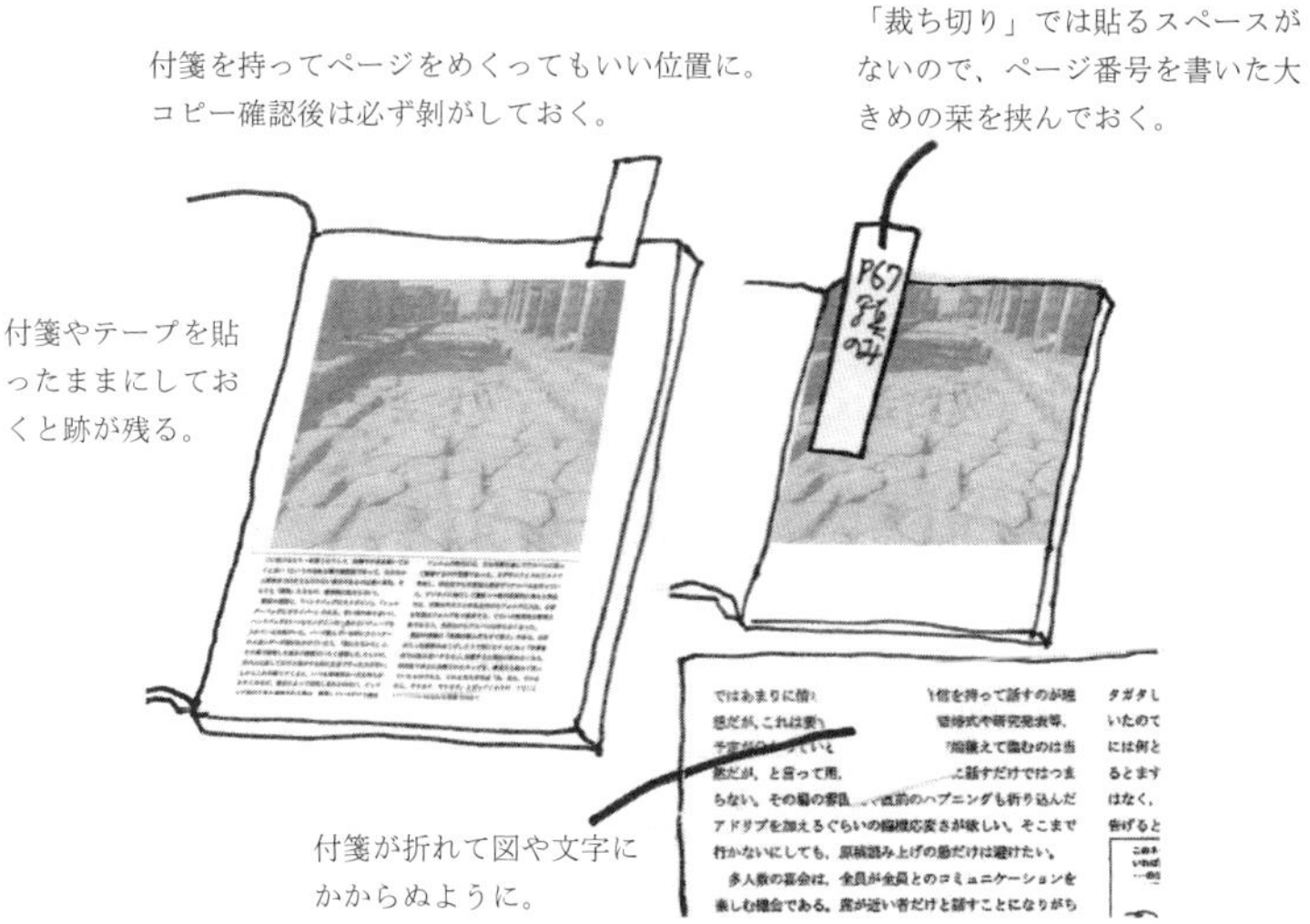
付箋を持ってページをめくってもいい位置に。コピー確認後は必ず剝がしておく。
「裁ち切り」では貼るスペースがないので、ページ番号を書いた大きめの栞を挟んでおく。
付箋やテープを貼ったままにしておくと跡が残る。
付箋が折れて図や文字にかからぬように。

ポストイットは写真に貼るな

ラベルは済んだらすぐ剝がせ

コピー範囲を指定するには粘着ラベルが一般的だが、コピーが確実に取れたことを確認したらただちに除去しておかねばならない。付箋を貼ったままにしておいたのでは、作業が済んだかどうかがわからないため他人が勝手に剝がすわけにいかない。貼ったまま放置すると粘着剤が変質して、大事な資料を傷つける結果になってしまう。

写真や図の真ん中に無神経に付箋を貼る者がいるが、これでは粘着剤の跡が残り、付箋を剝がすのを無精するとコピーの際に文字が隠れてしまうこともある。こうした被害の軽減のためにも、ラベルは場所を選んで貼るべきである。商品名が出てしまうが、「ポストイットは写真に貼るな」と言えばわかりやすい。

標語　番外編

移動の手段は鉄道で

(廃止になったらもう乗れぬ)

若い頃から機会あるごとにいろいろな鉄道に乗っていた。全路線「乗り潰し」の意思はなかったが、出張などの機会にわざわざ遠回りの経路で行って未乗区間に乗るなどしているうちに、気づけば実質的に乗り潰しの形になっており、年齢相応に、すでに廃止された路線にも多く乗っている。鉄道ファンがこぞって乗ったところで赤字の解決にはならないだろうから、不採算路線の廃止は今後とも続くであろう。過疎地の鉄道はある種の文化遺産でもある。廃止になる前にできるだけ乗っておこう。

第三章

会議とスケジュール管理

仕事を進める際にはさまざまな形や内容の情報交換が必要であり、そのためにいろいろな目的・形・規模・頻度の会議や打合せが行われる。こうした会議等についても、正確で効率の良い情報交換のためには、さまざまな留意事項がある。会議に限ったことではないが、何事を進める際にも合理的なスケジュールの設定とその遵守が必要である。たとえば、労力や時間を浪費しないための準備、開始・終了時刻の厳守、正確で簡潔な記録等々、いろいろな配慮が望まれる。

こうした準備・配慮があると無いとでは、仕事の効率はもとより、満足感・達成感がまったく異なってくる。事がスムーズに進んだ場合は、気持ちが良いものである。周到な準備でこの快感を大いに満喫しよう。

020

会議の種類も体系化

グループで仕事をする場合は意思伝達と情報共有が基本である。研究室では少人数の打合せから構成員全員の会議まで、さまざまな目的・内容・規模・回数の会議を開いていた。大学の研究室の構成員には、教員、助手（後に「助教」）・補手、大学院生・研究生、卒研生などがいて、構成員は多様であり、会議の種類も多種多様であった。

筆者の研究室では『羅列的ではなく体系的』な分類」が基本であったから、会議も構成員・目的・設置形態などで分類して、それぞれに記号を付けていた。たとえば大学院生以上の「A会議」、研究室正規メンバー全員の「B会議」、研究班ごとの「C会議」等々である。研究活動の多様化とともに会議の種類も増え、アルファベットでは足りなくなり、多すぎて覚えきれなくなる。結果的に会議の分類も少数種類に収束した。

B会議よりC会議

会議の種類ごとに目的や検討内容を明確にしておく必要がある。全体レベルの会議では共通

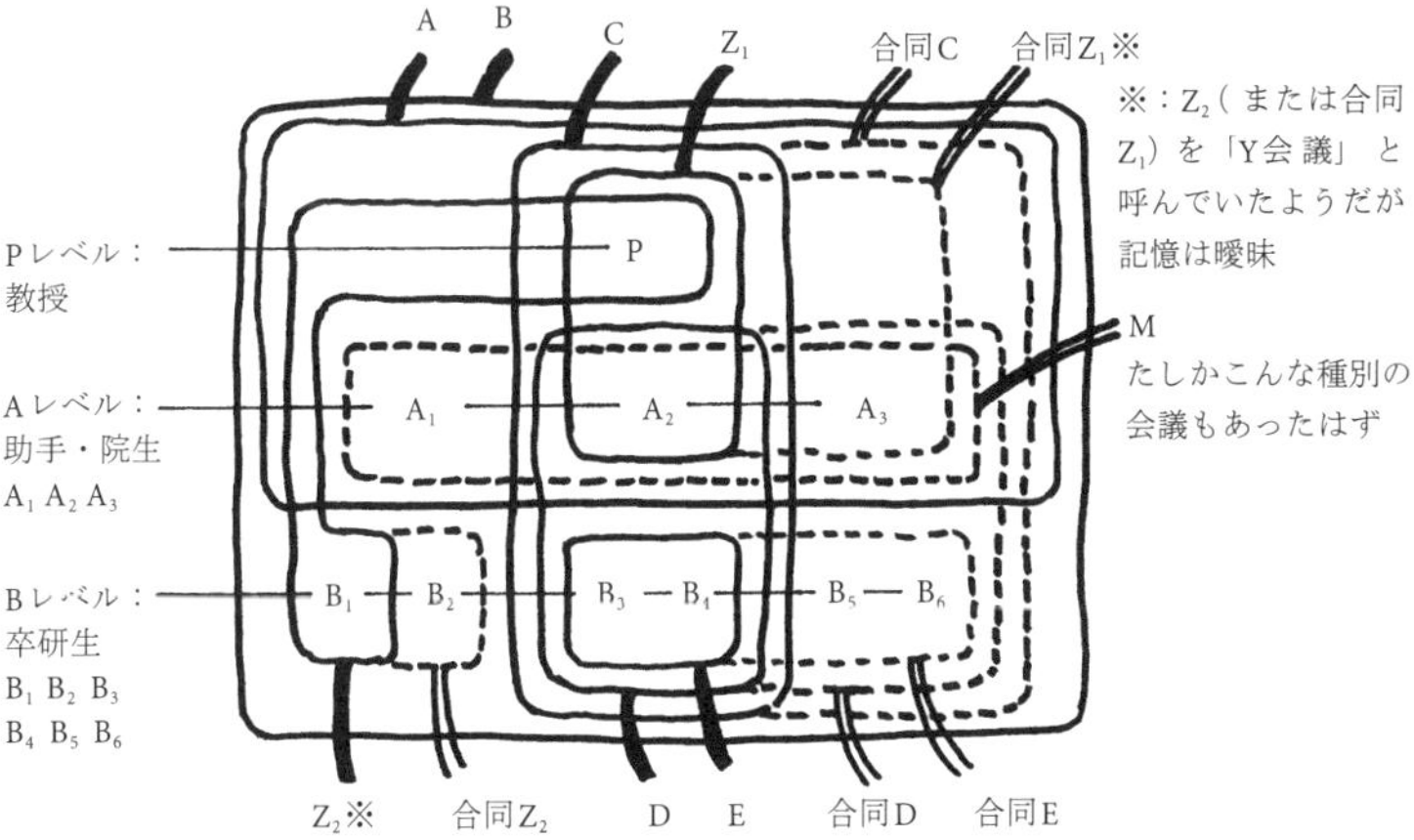

会議の種類も体系化

事項の検討のほか、個々の課題ごとの近況や問題点などを共通認識化し、研究テーマの直接担当者以外も意見を出し合う。個別テーマごとの具体的内容については、研究班ごとの個別打合せを高頻度に行うほうが効率的である。研究室用語で言えば「B会議よりC会議」になる。

顔が合ったらD会議

研究テーマは大学院生中心に決めていたが、大学院進学者が少ない頃は研究班も少なく、「C会議」を高頻度に開いていた。院生の増加とともに会議数も増え、教師も多忙化したので、会議形態にこだわらず顔が合ったときの立ち話も含めた情報交換の形になった。

なお、研究室用語で「D会議」は研究班ごとで教師がいない会議、「Z会議」は教師と学生1対1の個別打合せを意味した（060参照）。

会議のしかたを工夫せよ

寝不足のため座るとつい眠くなってしまうことがある。こういう場合、立って仕事をすると目が覚める。そのため研究室の中央に立ち机の高さのテーブルを置いて、立って会議をしていた時期がある。たしかに居眠りはなくなったが、会議時間の短縮効果は期待ほどではなかったので、そのうち元に戻ってしまった。

研究室の活動には時間割の概念がないため、ともするとスタートが遅くなる。研究室によっては、午前中は講義のある教師しかいないのも珍しくない。しかし朝の時間を有効利用すれば一日が充実し、早目に切り上げて趣味の時間を持つことも可能である。早起きができないのは緊張感がないためであり、現に旅行等のイベントの際には早起きするではないか。最初はある程度強制する必要があり、反発も出るが、慣れれば効率良く時間が使える。

だらだらぼそぼそは会議の敵

小さな声でぼそぼそと発言したのでは、皆に聞こえない。また概念が整理されていないこと

類似標語　098「プレゼの態度にもマナーあり」　099「延長コードは伸ばして使え」

質問の学生や緊急割込みの打合せは一時的に並行処理。
収納ラックの上に中2階休憩室を設けていたこともある。

空間利用は重層的に

をだらだら喋るのも、時間ばかりかかるだけで言いたいことが伝わらない。十分な準備とてきぱきした進行で効率良く時間を使い、会議はなるべく短く終わろう。

大きな声で会議をしよう

授業中に学生に発言させると、人前《ひとまえ》で話すのに慣れていないためか、普通の会話の発声で話すためによく聞こえないことがある。そもそも大勢に向かって発言する際には、普段の会話とは違って「声を張り上げ」なければならない。これには、それなりの意識と慣れが必要である。

研究室の飲み会で、声帯全体を使った大きな声（「オペラ声」と言っていた）で話す遊びをしたことがあるが、なかなか気分爽快だからぜひともお試しあれ。そこで新しい標語、「人前で 話すときには オペラ声」。

022

無駄な会議は時間の浪費

情報共有のためになるべく顔を合わせたいが、忙しくてなかなかメンバーが揃わないこともある。形式どおり無理に会議を開いたり、会議が実現するまで無駄に待つのではなく、会議以外の方法で事を解決する方法も考えておいたほうがいい。たとえば、直《じか》に会って報告すべき報告内容でも、会う時間が確保できる保証がなければ取りあえずメールや書面で連絡しておくなど、次善の策を考えておくほうが安全である。報告を受けて判断・指導する側の労力に変わりはないが、時間の自由度は得られる。

メールもよいが直接会おう

会議に代わる手段としては、現代では「会議が無理ならメールでも」であろうか。電子メールは発信時刻を問わないが、そのおかげ(所為《せい》)で便利な(しんどい)時代になったものである。しかし直接顔を見てその場で応答しながらの打合せは、やはり重要である。何でもメールで済ませて、人に会うのが億劫《おっくう》になったのでは、重要な要素が欠落するように感じる。メールやレ

通りすがりの打合せ。
3人寄れば会議の形。
いわゆる普通の会議。
電話やネットはなかなか便利。
でも……顔合わせるのが会議の基本。

会議もいろいろ形あり

ポートによる代替は、あくまで次善の策と考えたほうがよい。

事あるごとにレポート提出

しかし、レポートを要領良く短時間でまとめる習慣と能力自体は、やはり重要である。そのためには、頭で考えたことや耳で聞いたことは、すぐに文字や図で記録しておくようにしたい。これは、わかったつもりで実はわかっていないこと、論理的な矛盾、新たな疑問、重大な見落し等々を発見するためにも、重要で不可欠なプロセスなのである。

それに、頭に浮かんだことや耳で聞いたことは、何かに書き留めておかないと記録が残らず、他人に伝達することもできない。「記録魔」を自認する筆者が言うことだから説得力に欠けるかもしれないが、何事も記録が基本なのである。

議題書なしで会議をするな

会議には議題書、前回議事録、関連資料を必ず準備する。実際は準備をさぼっているだけなのに「無駄な書類を省く」という理由をこじつけて議題書すら準備せず、前回議事録を議題書代わりにする横着者もいるが、これは論外。なお議題書や資料にはメモが記入できる余白が欲しい。議論しながら記入したメモは重要な資料となる。

議事録はその日のうちに

会議には準備とともに後処理が重要である。決まったことは正確に記録するが、結論に至った経緯も後々のため残しておくとよい。特に継続的な研究の場合、こうした記録は重要である。「記録のための記録」は無駄だが、記録は無いよりあるほうがよい。発言しても記録に残らなければ発言は無いのと同じ。どこまで詳細に記録するか迷った際は、なるべく詳しく書く。実際にはある記録を無いことにして不都合な事実を隠蔽すべきではない。

時間をおくと記憶は薄れ、手書きメモが自分でも判読できなかったり、面倒になって雑な内

類似標語　038「タイトル、日付、サインとページ」

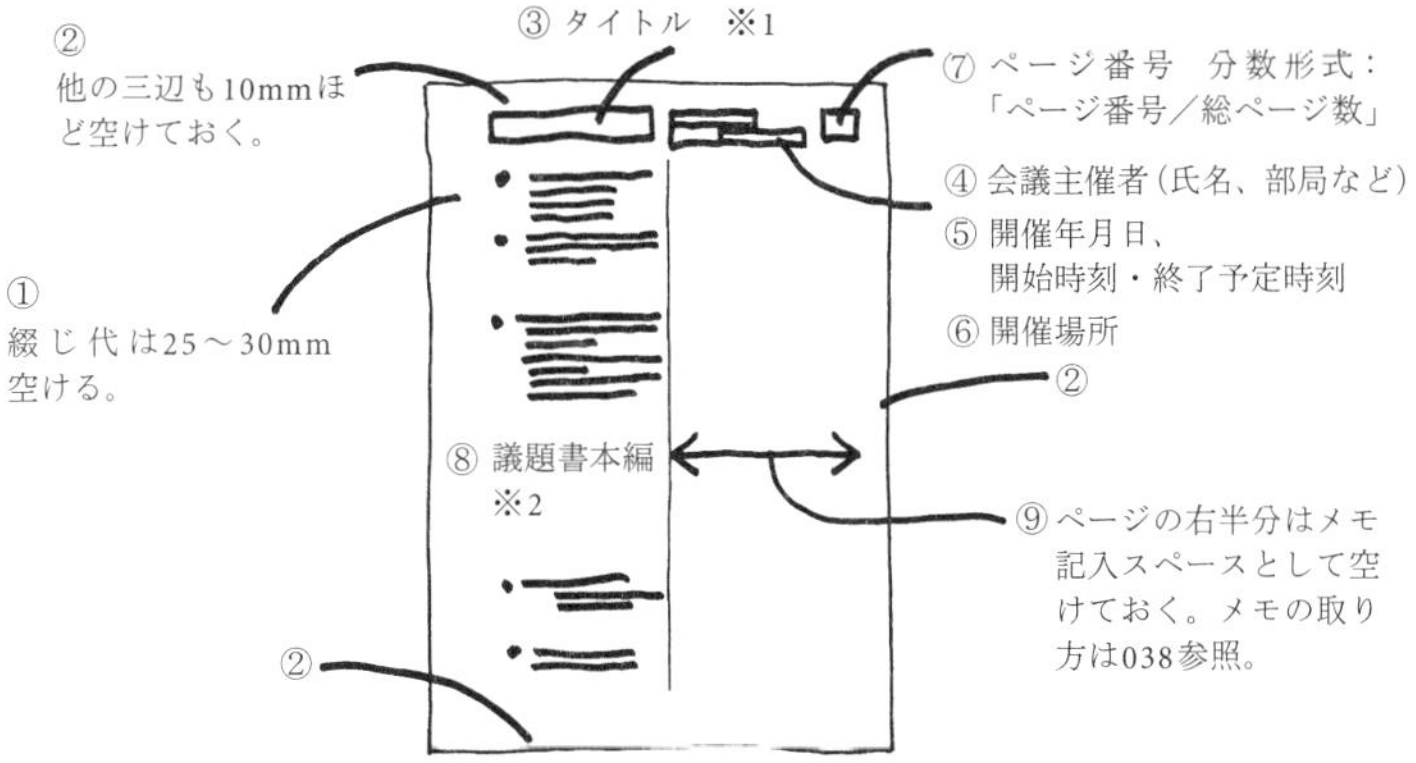

※1　③ タイトル（正式名称）：正式名称が長ったらしい場合は短縮名を表示し、正式会議名は小さい文字で併記する方法も。

※2　⑧ 議題書本編：議題だけでなく内容もなるべく箇条書き。紛糾しそうな議題はメモ欄も大きめに。長文資料は別冊配布。

議題書・議事録、会議の基本

容になったり、ひどい場合はそのまま有耶無耶《うやむや》になる。会議後に引き続き宴会という場合も、記録係は議事録を優先したほうがよい。

ひとまず写真でメモ代わり

コピーが取れるホワイトボードの登場で、記録は非常に便利になった。喋りながら書いた内容をそのまま複写すれば取りあえず議事録はできるから、会議後に宴会があっても、議事録担当者は安心して参加できる。ただしコピーを取る前に、走り書きで読めない箇所に加筆整理を加えるなど、ひと手間掛けるのがコツである。

しかしこれも過去の話で、会議中にノートパソコンでメモを取っておけばよい（少々やかましくて気になる）が、メモの取り方にも優劣があることは言うまでもない。黒板やホワイトボードは、メモする暇がなければ写真に撮っておくという方法もある。

024

年度替わりにノウハウ伝授

グループで仕事をする場合、メンバーはいずれ入れ替わっていく。大学の研究室の場合、卒研生は毎年、大学院生・助手（後に「助教」）も何年かで入れ替わる。筆者の研究室では任期制の導入以前から、助手の任期を採用時に決めていたのだが、その後「欧米並み」に大学の研究教育スタッフに任期制を導入する動きがあり、大学によっては「教育職員に任期制を採用」と、さも先進的な方針であるかのように宣伝していた。しかしわが国では任期制の適用は現実的ではなく、一般の専任教員は事実上終身雇用で、任期制は若手の助教だけを対象に、言わば「冷酷に」適用されていることが多い。

人が定期的に入れ替わる条件では、さまざまなノウハウやデータは意識的に継承していかねばならない。研究室のあらゆる事情に精通した助教がいなくなる際には、このことは意識的に対応しておく必要がある。継続研究で一定の作業手順が定着していても、担当者（助教・大学院生など）がいなくなると、仕事の進め方、情報収集・処理、情報入手先との関係等が途切れてしまう。そのためには伝達・継承の機会を必ず設けておく必要があり、これは年度ごとの定例事項とすべきである。

「それ、この前も聞きましたが……」
「わかってる。大事なことは何度でも言うんだ。」
（実は言ったことを忘れている）
大事なことは何度でも

大事なことは何度でも

新しいメンバーが加わったり、構成員の多くが入れ替わったりする年度初めなどには、オリエンテーションが必要になる。説明する側にとっては毎回同じことの繰返しになるが、新入者にとっては初めてのことなので、研究や生活の指導についても、相手が変わるたびに何度も同じことを言わねばならない。だからこそ、こうして「標語」の形にして、ユーモアとともに常識として共有してきたのである。こうした伝達事項も、さまざまな経験を経て次第に改訂されていく。

すでに言ったことを忘れて同じことを繰り返してしまい、「それ、この前も聞きましたが」と言われることもある。そんな場合は「一度だけでは忘れることもある、大事なことは何度でも言うのだ」と言って誤魔化すのである。

手帳は常に持ち歩け

スケジュール管理のために、手帳（予定表）は常に手許にあって容易に読み書きできることが基本である。電子ツールも進化して（「進歩」とは限らないが）スマホが主流だが、紙に書いたアナログの予定表も捨てがたい。どちらを採るかは自由だが、一度決めた方式はあまり変えないほうがよい。

予定の管理はヴィジュアルに

書式は慣れたものでよいが、記入・訂正や検索が容易なことは必須である。好みを言えば、時間軸を視覚的に表示するものがわかりやすい。筆者の場合、時間軸が横軸の帯グラフで、未確定事項は鉛筆で書き、確定したらペンで書いて内容で色分けしたマーカーで輪郭だけ着色し、実動結果はその色で塗りつぶす、などのルールにしている。

在室当時にこの書式を叩き込まれた研究室ＯＢたちには、今でもそれを続けている者が少なくないが、書式や色分け等は各自で工夫している模様。今では立派な地位にいる卒業生の手帳

類似標語　084「表は2軸のマトリクス」

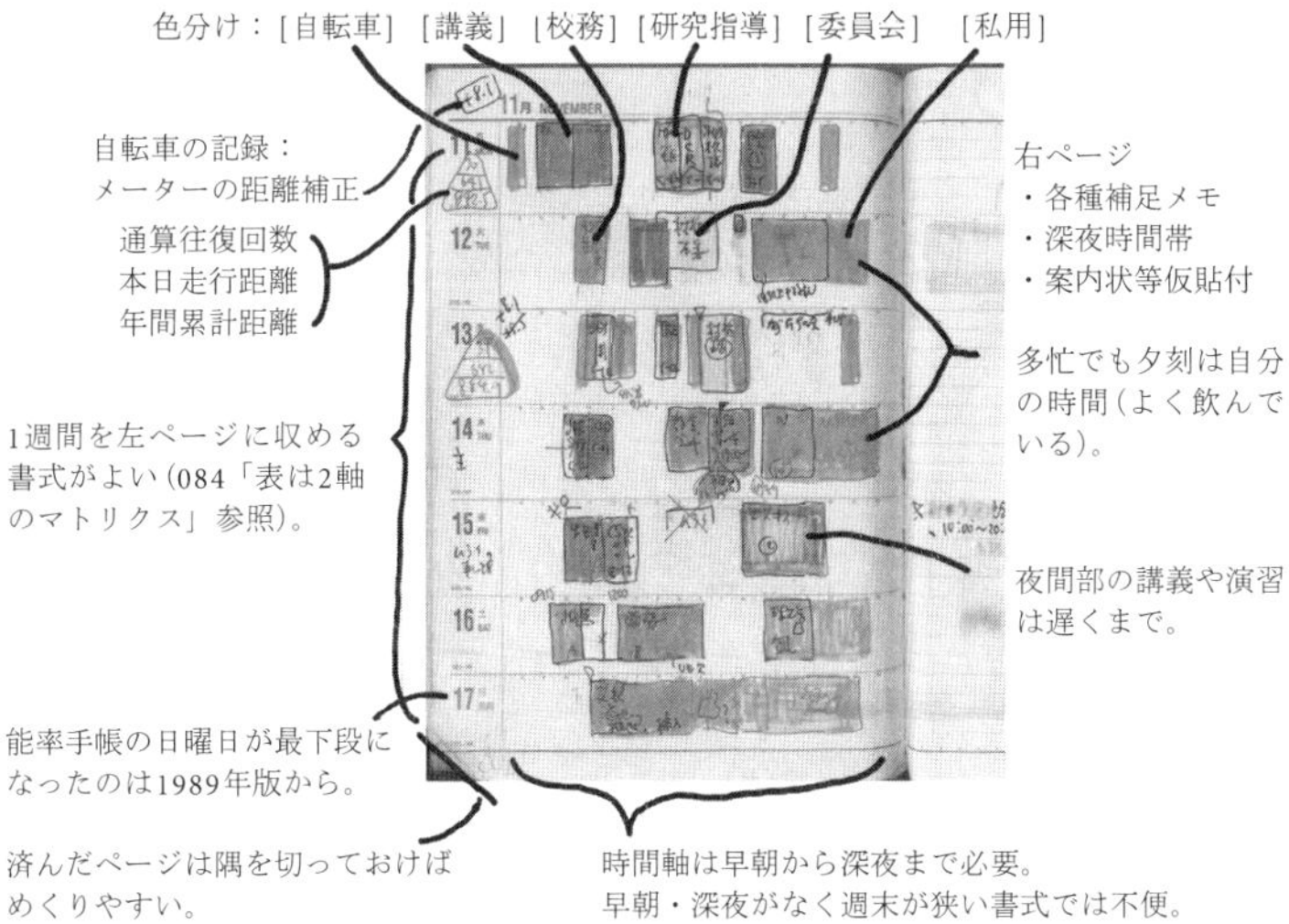
色分け：[自転車] [講義] [校務] [研究指導] [委員会] [私用]
自転車の記録：
メーターの距離補正
通算往復回数
本日走行距離
年間累計距離
1週間を左ページに収める書式がよい（084「表は2軸のマトリクス」参照）。
能率手帳の日曜日が最下段になったのは1989年版から。
済んだページは隅を切っておけばめくりやすい。
右ページ
・各種補足メモ
・深夜時間帯
・案内状等仮貼付
多忙でも夕刻は自分の時間（よく飲んでいる）。
夜間部の講義や演習は遅くまで。
時間軸は早朝から深夜まで必要。
早朝・深夜がなく週末が狭い書式では不便。

スケジュールは色分け表示

が、とてもきれいに色分けされていたが、色分けのルールがどうにもわからないので聞いてみたら、「色は気分で決める」とのこと。まあそれも「記入時の気分」という重要な情報の記録ではある。なお、その手帳の色のセンスは満点であった。

用紙のサイズは余裕を持って

大きなノートは持ち運びに不便だが、あまり小さくても書き（描き）にくい。コンパクトさと情報量のどちらを優先するかは迷うところだが、省スペースのために早朝・深夜や週末の欄を省いた書式は個人的には好まない。企業からいただく手帳は、優れたデザインでも永続的に入手できる保証がないから、採用するわけにはいかない。長年使い慣れた書式は変えたくないもので、筆者はA5判の能率手帳を使っており、多少嵩《かさ》張るが、もはや変える気はない。

予定の管理はヴィジュアルに

予定を立ててもそのとおり実行できる保証はない。結果は日記に書けばよいが、文章で書いた日記は後で調べるのには向かない。日記を欠かさず書き続けるのは（筆者のようなマニアックな記録魔であっても）容易ではなく、そのために余計な時間は使いたくない。

予定や記録の類は、文章で書くのではなく、帯グラフのように時間帯を視覚的に表現する形式がわかりやすい、と筆者は確信している。好みは人それぞれだろうが、時間の帯グラフなどの視覚的な表現は、わかりやすく、読み違いも少ない。

予定表は日記の代わり

簡易な記録であれば、当初の予定表に結果も記録する方法で、十分に日記代わりになる。予定と実施結果が上下に対照できる書式にしておけば、予定に対する実施状況が視覚的にわかる。予定どおりいかなかった事項は、以後のスケジュール作成の参考にもなる。

日記は「正しい文章」できちんと書くものだと思い込むためか、単に面倒くさいからなのか

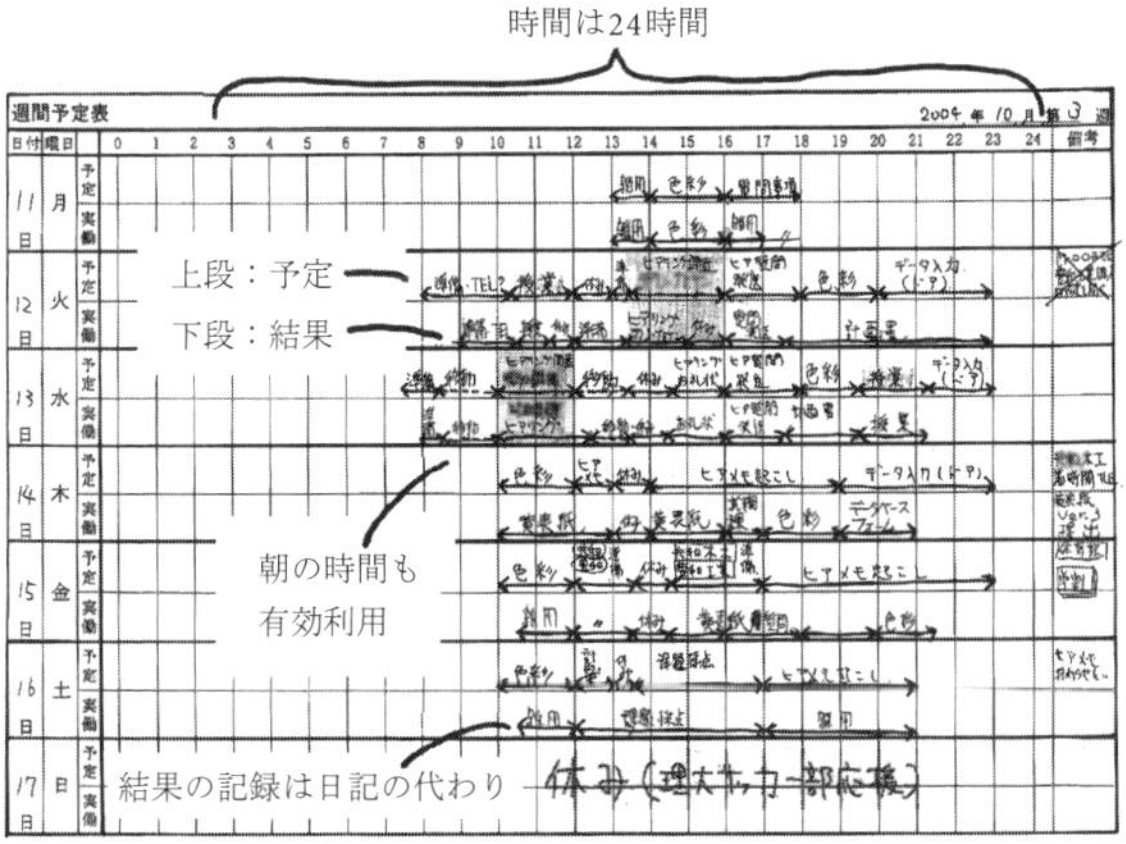

ある大学院生の実際の記録（この学生は時間管理が完璧で決して徹夜はしなかった）

予定と結果はヴィジュアル管理

は別として、日記を書かない人も少なくない。しかし目的は記録であって作文ではない。正確に記録して判読できれば、箇条書きや図・記号等を多用してもかまわない。面倒がらず自分に便利な方法で記録を残す習慣をつけよう。ただしグループで共有する情報については、関係者が誰でも正しく解読できる必要があることは言うまでもない。

文字で書くより図解せよ

筆者の研究室では、予定や進行状況を時間軸で視覚的に示した図(線表)で表すことにしていたが、当然ながら全員が忠実に実行していたわけではない。会議や提出期限の遅刻ペナルティーとして「予定／結果線表」を提出させる規定もあったが、実行されていた確証はない。しかし真面目な大学院生が欠かさず記録していた「予定／結果線表」を修了時に提出されたときは、大いに感動した。

立った会議は前歯に注意

（無防備居眠り怪我のもと）

研究室では卒論テーマごとの会議を高い頻度で行っていたが、会議というより指導や共に考えたりする実質的な作業の場であった。効率良く進めるべく、眠くなるのを防ぐ意味も兼ねて、立って会議をしていた時期がある。部活で疲れた体で会議に臨む卒研生が立ったまま居眠りして、膝が緩んでガクッとなった際に前歯を折ったことがあるが、最新の技術できれいに修復できた模様。その数年前に筆者が転倒して前歯が欠けたときは、まだ新しい方法が普及しておらず、きれいには直らなかった。

第四章

情報の調べ方

研究に限らず、さまざまな作業でまず必要なことは、情報の収集である。正確な情報源を探し出すことから始まり、最適な対象を選択し、得た情報を整理・保存することが、基本的な作業になる。

すべての情報源をチェックすることは不可能だから、いろいろな情報源の中から、調査可能で有効な情報が得られそうな対象を見つける観察力が必要である。それと同時に、当然ながらそれを理解する知識と能力が必要であることは言うまでもない。

情報にもいろいろな質のものがあるから、信憑性のあるものを選ぶことも重要である。ネットで見つけた出典不明で根拠があやふやな情報を引用することは、厳に慎まなければならない。

他人の知恵も貴重な情報

知りたい情報を全部知っていなくても、その分野に詳しい人がわかればその人に聞けばよい。学生諸君には「安易に他人に聞く前にまず自力で調べる努力をせよ」と正論を言うが、実務をこなす段では「専門外なのでわかりません、じっくり勉強させて下さい」などと悠長なことは言えず、全部自力で調べようとすれば破綻を来たす。他人の情報は大いに活用すべきで、そのためには正確な情報源を知らねばならない。

「そら」の話は信用するな

裏付けのない主張に説得力はない。根拠の無い「そら」の話は信用すべきではない。特に昨今のネット情報には信憑性に疑問があるあやふやな情報が無数に飛び交っており、どこまで正しい情報なのかがはっきりしないことが多い。信頼できる情報源を見つけるための知識・人脈は無論必要だが、努力あってこそ充実した成果が得られる。また引用には情報源を明記し、間違っても盗用と思われるようなことをしてはならない。

類似標語　075「事実と考察は区別せよ」

情報調べはオリジナル

調べものをする場合は「孫引き」を極力避け、オリジナルの資料を調べる必要がある。孫引きの情報には転記ミスや誤植、さらに故意の書換えの危険もある。出典不明の情報は引用してはならない。

スチールサッシの変遷を調べていた際に「田島壱號氏が我が国初のスチールサッシバーを造った時に、現在なら多段ロールで成型するがロール機械が1台しかなかったので、ローラーを何度も嵌め替えて成型した」という内容が「吹替えロール法」と記されていた。妙な名称だと思いながらもそのまま引用していたが、後にこの名称に疑問を感じ、念のため原文を調べ直したところ、同じ文献の別のページに「嵌替えロール」と記載されていて、単純な誤植と判明。些細な疑問も軽視せず確認する必要性を痛感し、大いに反省した次第。

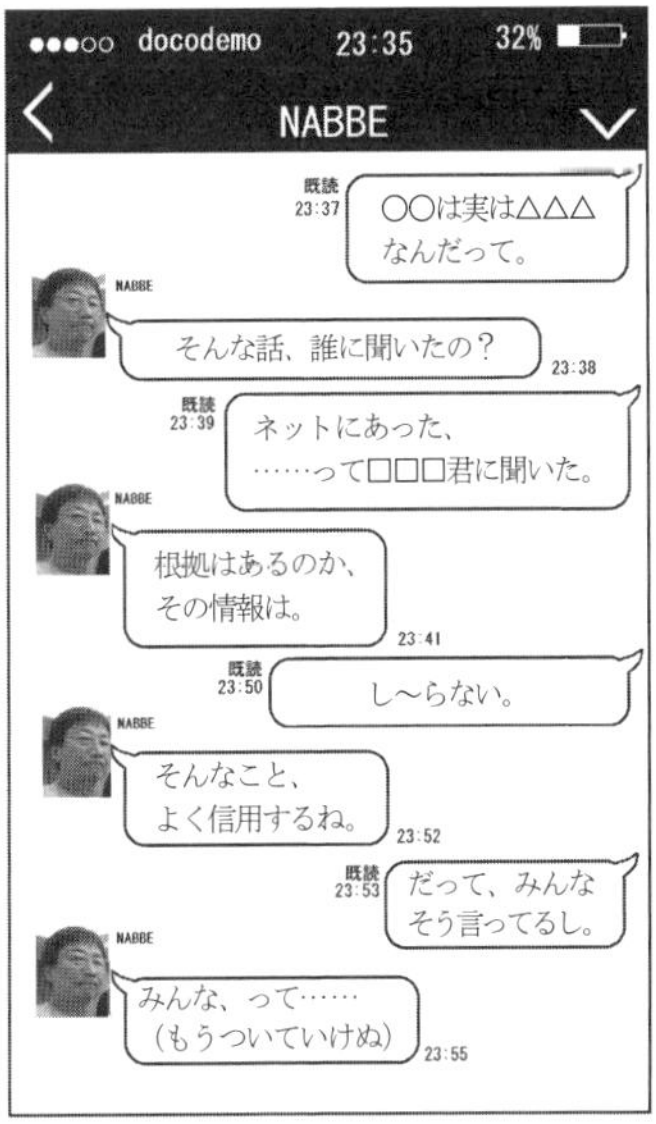

信用できる情報か

情報には出典明記

研究作業の多くは、過去の蓄積に新しい知見を積み重ねて「改良」することである。その手順は以下のとおりである。

1　過去の成果の正確な引用
2　その後に判明した事実等と照らし合わせた場合の問題点の明確化
3　過去の結論に変更を加えた場合、その箇所とその理由・根拠の明確化

過去に示されたものの引用と、独自に考えた部分や過去の成果を改変した部分とは、明確に区別しておく。どこまでがオリジナルかわからないものは、自分の成果として発表できない。

根拠も各種の形あり

根拠が必要といっても、「論理的に考えたらこうなるはず」といった考察も重要である。この場合、裏付け資料に基づく（帰納的な）ものか、頭で（演繹的に）考えたものかを明確に区別しておく必要がある。筆者の研究室では以下のようにルール化していた。

類似標語　031「どこが違うかはっきり示せ」　086「表の端には集計欄」　087「分類は無限の有限化」

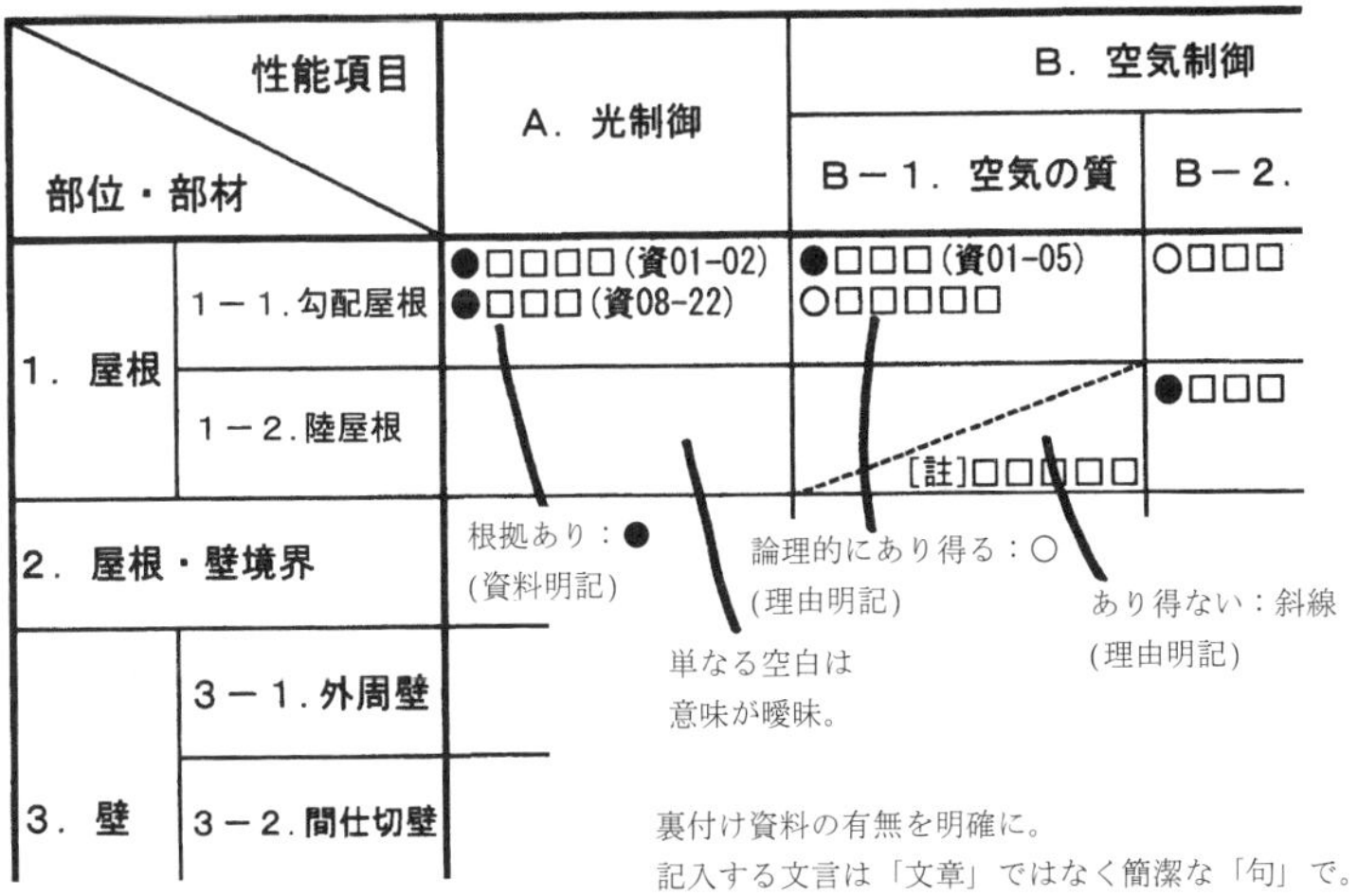

情報には出典明記

1　一覧表などの記入内容に根拠となる資料があるものには行頭に「●（黒丸）」。
2　理論的にはあり得るが裏付けが未収集のものには「○（白丸）」。
3　「●」の項目には対応する資料番号を併記。

根拠となる資料は一定の書式で資料カード化・付番し、書類はファイルに、電子情報はデータベース化して整理しておく。

引用文献根拠を示せ

研究成果や自分の考えを発表する際には、根拠を明記するか、少なくとも説明できるよう準備しておく。具体的には、根拠となる文献等の一覧を作っておき、本文には文献番号を注記する方法が一般的である。こうした表に記入する文言は、長ったらしく「文章」で書くのではなく、箇条書きで簡潔に書く。

029

映画は貴重な情報源

人が使用する建物や道具などは、物というハードだけでなく、使い方というソフトがあってこそ機能する。使い方は、国・地方などの文化圏で経験の蓄積として成り立っており、その文化圏では当たり前なことでも、他の文化圏にとっては当たり前ではなく、そのもの自体が存在しないことも少なくない。こうした「ソフト」すなわち実際の暮らしにおける建物や道具の使い方などを知るには、映画がよい。何気ないパリの下町の生活の様子や、酒の飲み方、料理の食べ方、わが国では見ることのない道具の使い方等々、文字で読んだり人の話を聞いたりしたのではわからないさまざまなことが、映画では手に取るようにわかる。

映画は仕種《しぐさ》の見本帳

こうしたことを学ぶには、その文化圏で生活してみるのが一番なのだが、現実にはそうもいかない。その点、外国映画は大いに参考になる。単に筋を追って見るだけではなく、画面に現れる生活や日常的な仕種をじっくり見るのは、なかなか面白い。

角砂糖に
リキュールを
垂らす
透かし彫りのバターナイフ状の
平らなスプーンに、角砂糖を載
せてリキュールを注ぐ。
カフェロワイヤルのように火を点けるの
ではなく、手で摘まんでペロリと食べて
からコーヒーを飲む。

ジュリアン・デュヴィヴィエの昔の映画で知っていたから、フランス生活の長い人の台所でこのスプーンを発見して、「知っている」と言ったら、驚かれた。

映画の仕種で文化がわかる

画面の隅に一瞬映ったものが気になることもあるが、昨今では戻ってもう一度見ることも容易である。長ったらしい（しんきくさい）箇所は早送りにすればよい。

映画の仕種で文化がわかる

建築や生活道具の使い方や、その国の言語を学ぶためにも、映画は有効である。どんな状況で、どんな仕種とともに発せられる言葉なのかが自然にわかる。こういう視点から映画を選ぶなら、往年の名作映画に良いものが多い。テレビの名画番組はよく調べておこう。

こうした目的で見る場合は、当然ながら吹替えではなく原語（副音声）と字幕で見ることが前提になる。これは筆者の個人的趣味だが、外国映画は、なるべく原語と字幕で見るようにしよう。外国語の勉強、などとカタいことではなく、実際の声の表情を聞くことが面白いのだから。

030

ネット情報盲信するな

調べ物をする際に、インターネットは確かに便利な情報源だが、信頼に足りる情報源をうまく探し当てなければならない。根拠の無い個人の考えを書いたものではなく、公的機関やまともな企業の公式ホームページ、査読を受けた研究論文など、信用できる情報源を見分ける能力と根気が必要である。またネットで得た情報は、それを手掛かりにして、信頼性の高いオリジナル資料を探し当てる努力も必要である。そもそも無料で入手できる情報は、価値がある本物ばかりであるはずがない、と思ったほうが安全である。

情報源を確認せよ

ネット情報の効率的な検索方法についてはいろいろな参考書があろうから、ここでは敢《あ》えて取り上げないが、今や避けて通れない情報源であることは否定できず、もはや「参照するな」とは到底言えない。しかし信憑性が曖昧で情報源すらわからないものをそのまま平気で引用するような真似《まね》は、絶対にしないことを肝に銘じておくべきである。

読めない文字がなぜ書ける

読めない文字がなぜ書ける

ネットであろうと文献であろうと、調べたことはその内容を理解した上で引用するのは当然のことである。しかし近年の情報環境では、この常識も怪しくなっているように思える。

研究室のゼミ発表で、自分が書いたレポートの文字が読めない学生がいた。「自分で書いたのか」と問い質《ただ》したら「そうです」などと見え透いた嘘を言う。笑いをこらえながら「読み方がわからない字がキーボードで入力できるはずがないじゃないか」と追及したら、ネットで見つけた文章の切り貼りであることを白状した。

これは昨今の学生レポートに見られる悪しき傾向だが、内容を理解せず、単に「提出義務を果たす」だけで何の勉強にもならないことをする風潮は、看過すべきではない。

どこが違うかはっきり示せ

他の資料などから引用した部分と、自分で調査したり考えたりしたオリジナルな部分とは、明確に区別しておく必要がある。既往の内容に修正を加えた場合も同様である。これが曖昧であっては、自分の成果としては発表できない。

過去の配布書類に変更・訂正がある場合に、次回の会議等で修正版だけを配布したのでは、受け取った側の手許に元の文書がないため変更内容がわかりにくい。また資料の一部を修正しているがその修正箇所が明示されていない場合は、まるで間違い探しクイズである。会議でそんな資料が配布されたときには「これじゃ『ウォーリーをさがせ！』だね」と皮肉を言うのだが、通じただろうか。

過去の蓄積継承せよ

新規に始める仕事もあるが、過去の蓄積に新しい知見を積み重ねていく作業も多い。過去の視点や手法に固執して新しいことに適応できないのでは困るが、既存の知識・成果を十分に理

類似標語　028「情報には出典明記」　076「文字の場合も因数分解」

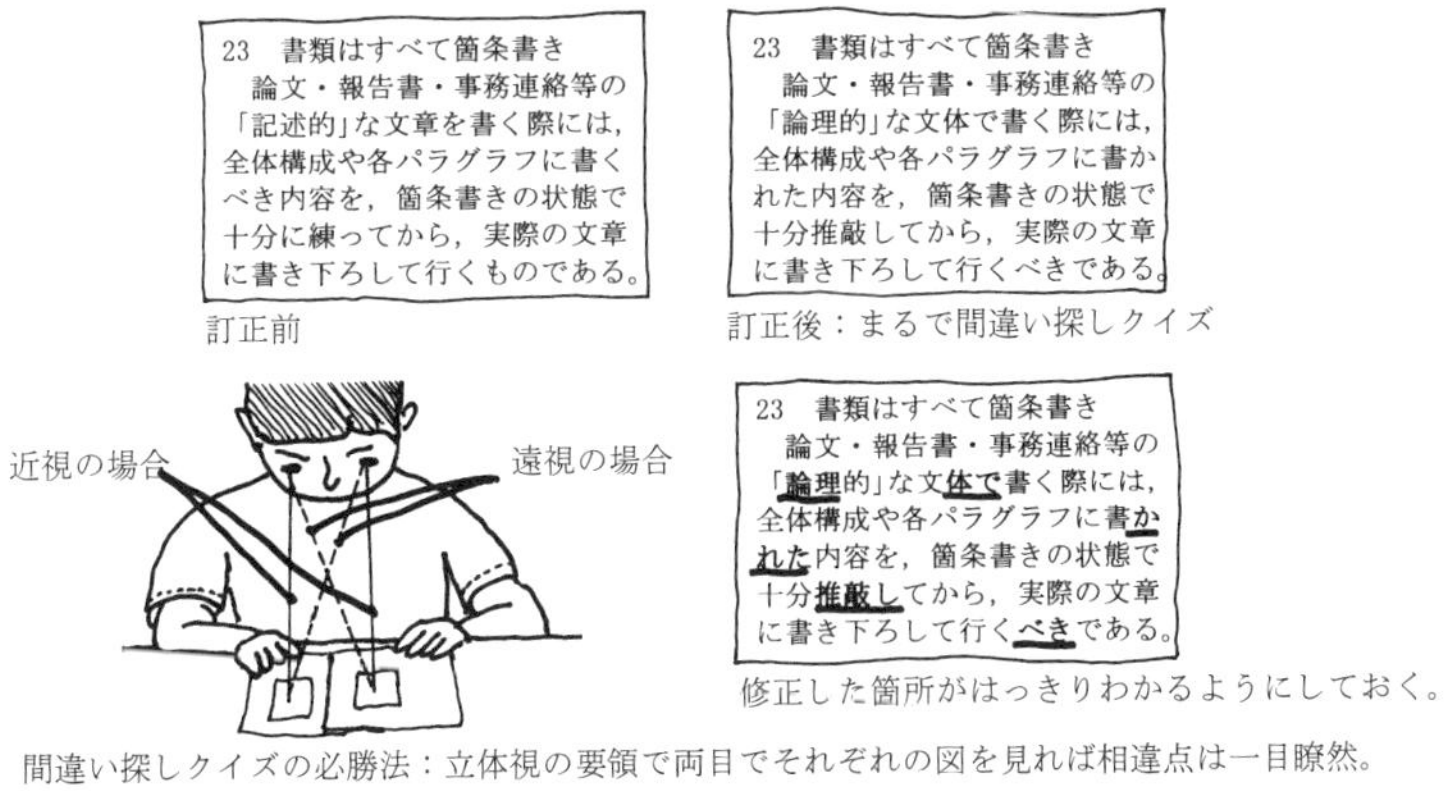

訂正前

修正した箇所がはっきりわかるようにしておく。
間違い探しクイズの必勝法：立体視の要領で両目でそれぞれの図を見れば相違点は一目瞭然。

修正箇所は明示せよ

解した上で、さらに既往研究の問題点を発見し修正していくのは、当然のプロセスである。

この場合の手順は以下による。

①過去の成果を引用する場合は、引用部分の出典の明示と、引用の正確さを徹底する。

②現在の条件から見た場合や、後に明らかになった事実と照合した際の問題点を明確に示す。

③過去の知見に変更を加える場合は、その理由・根拠を明確に示す。

④オリジナルからの変更箇所を明確に表示する。

こうした手順を踏んでおく必要がある。

類似研究漏れなく洗え

すでに他人が行ったことを、そうと知らずに繰り返すほど無駄なことはない。関連しそうな過去の研究や著作は、研究などの作業を開始する前にひと通り調べておくべきである。

032

まずは言葉の意味を知れ

外来語が見境なく多用されているが、意味を考えずに単なる音として覚えるため間違えている例をしばしば耳にする。たとえばテレビで feature のことを future と言う場合がある。ステンレスの普及初期に「ステレンス」だと思い込んでいる人がいたが、「ステイン」(染み・汚れ、「オイルステイン」は油性着色料)と、「〜レス」(〜がない、「ホームレス」「ワイヤレス」等)の意味を知っていれば間違えようがない。カタカナ言葉は元の意味を知っておく必要がある。これは略語についても同様であり、何の略語かは知っておきたい。

わからぬ言葉はすぐ辞典

意味や読み方がわからない言葉は、すぐに調べる習慣をつけよう。英語やカタカナ用語を、その意味を知らずに単なる記号として丸暗記するのは、間違いのもとである。辞書のページを実際にめくっていると、目的の単語以外の情報が自然に目に入る。ついついパソコンに頼ってしまう場合も、出典不明のネット情報ではなく、正規の辞書や百科事典を参照すべきである。

トリプルトーループ（triple toe loop）を、誤って「トゥループ」と書く場合がある。

×トゥループ：これでは軍・隊・部隊の意。

○トーループ：toe loop（動詞はtoe-loop）が正しい。

「トウループ」では古風。

「トゥループ」を文字どおりtroop（日本語では母音が付いてtuになる）と発音することはあまりないとはいえ、二重母音の表記方法が誤り。

ついでに、誤読が気になる「サスティナブル」

○サステイナブル：sustainable「（環境を破壊せずに）持続可能な」の意だが、ネットの翻訳サイトの読みまで「サスティーン」には呆れる。じゃあmaintainは「メンティーン」とでも読むか。なお「メィン」と書いては発音不能。

意味を知って正しい読み方

辞書といえども読書の対象

構法計画の基礎研究で、ある条件（「開口部関係」など）の構法用語をすべて洗い出す作業をしたことがある。同時並行で作業するために『建築大事典』を16分冊に分解してそれぞれ製本したが、携帯に便利なサイズだったので、作業後に1冊ずつ持ち帰って電車の中で目を通すのがとてもよい勉強になった。

せざるを得ないが手に負えない

余談だが「〜ざるを得ない」を「〜ザルを負えない」と発音するのをテレビでしばしば耳にする。ほかにも例を挙げればきりがないからここでは省くが、少なくとも公の場で発言する者は、正しい日本語を、意味を理解した上で話すべきである。

気づいたことはすぐにメモ

気になったことや頭に浮かんだアイデアは、忘れぬうちにメモしておく。「大事なことこそしっかり覚える」主義の人もいるが、忘れる危険性は不可避だから、形で残す。運転中などメモが取れない場合はボイスレコーダ等でもよいが、やはり後でメモにする。当然ながら他人に不快感・不審感を与えぬよう、素早く・さり気なく、である。事務連絡事項も口頭だけではなく文字でも渡しておくほうが「言った／言わない」を避けて確実な伝達が可能になる。

メモの形にすることは、後で見るかどうかより、文字化・図式化で概念が整理され、頭に残りやすくなる点が重要である。手書きメモのキーボード入力が面倒なら、スキャナに並べてパソコンに取り込んでおけばよい。

気づいた時はすぐ写真

見慣れていた建物が知らぬ間に解体され、どんな建物だったか思い出せないことがある。気になるものは迷わず写真に撮っておこう。禁止行為や迷惑行為を避けるのは当然として、いち

類似標語　011「旅には地図と時刻表」 038「タイトル、日付、サインとページ」 044「コピーの取れない書類を書くな」

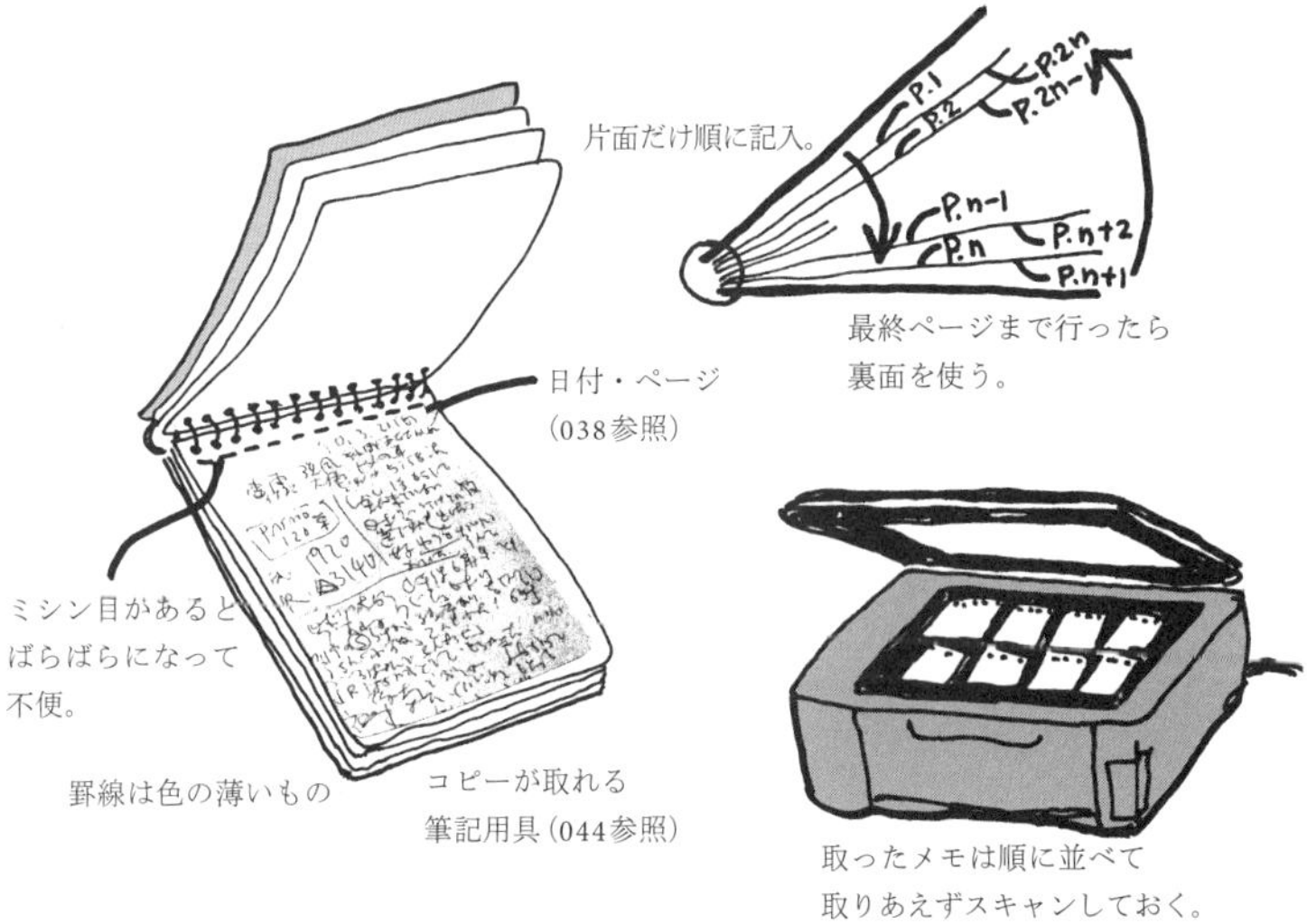
片面だけ順に記入。
P.1
P.2
P.2n
P.2n-1
P.n-1
P.n
P.n+2
P.n+1
最終ページまで行ったら
裏面を使う。
日付・ページ
(038参照)
ミシン目があると
ばらばらになって
不便。
罫線は色の薄いもの
コピーが取れる
筆記用具(044参照)
取ったメモは順に並べて
取りあえずスキャンしておく。

メモ帳の使い方

いち了解を得るよりさっさと撮ってしまったほうが早い場合もある。ただし、くれぐれも自分の責任で、決して周囲に不快感を与えないこと。

カメラはいつも必需品

カメラはメモ帳と同様、あるいはそれ以上に、常時携行すべきアイテムである。筆者にとってカメラは、携帯電話以上の常時携行品である。木口小平ではないが（と言って、わかる人は少ないかもしれないが）「真鍋先生ハ死ンデモかめらヲ放シマセンデシタ」などと後で書かれたら本望である。

筆者は写真を多量に撮るので、「そんなにたくさん写真を撮って、どう整理するのか」と聞かれることがあるが、撮った写真は撮影年月日と内容を簡単に示す名前のフォルダに入れておけばよい。整理方法は簡単なほうが長続きする。

資料は必ず控えのコピー

大切な資料は、毀損《き》や紛失に備えて必ずバックアップのコピーを作っておかねばならない。コピーを取らず資料の原本を「使って」いる者がいるが、特に共同研究の場合、資料は私物ではないのだから、貴重な資料の毀損や紛失があってはならない。

研究室の論文類も、保存用の製本は書架に保存し、継続研究等の作業には仮綴じの「ワーク用コピー」を使っていた。こうすれば書込みも自由で、気楽に「使う」ことができる。

カタログは2部請求

収集したカタログ類は、資料として使えば傷みは不可避だが、図版作成用には傷んでいない新品が欲しい。したがってカタログは、ワーク用と保存用に2部請求するのをルールにしていた。ただし分厚い総合カタログや技術資料、コストがかかっていそうな豪華なカタログなどは、1部だけで遠慮しておくのがマナーである。また壁紙やタイル等は、うっかりサンプルを請求すると嵩張《かさ》って邪魔になり、かといってすぐに捨てるのももったいないという結果になる。

類似標語　050「ケチケチせずにコピー取れ」

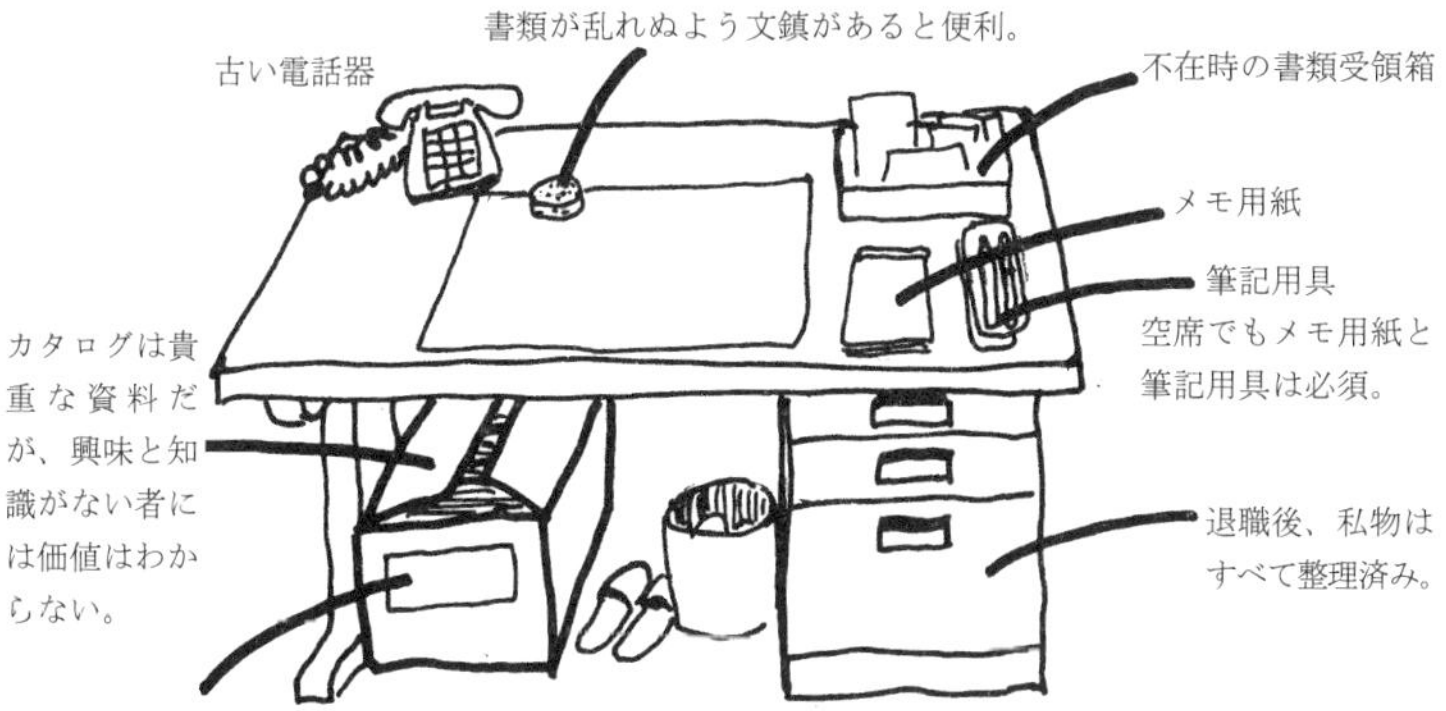

退職して非常勤になった社員が保存していた過去のカタログ（保存状況：推定図）
「重要！　真鍋先生に渡す」と書いてあったかどうかは不明。

その分野に詳しい社員が退職すると……

保存と記録は文化の基本

筆者の研究テーマの一つであった建築部品・構法の変遷史研究では、過去のカタログが貴重な資料であった。多くの企業にカタログ請求をしたが、系統的に保存している企業は少なく、個人所有物として残っているだけという例も多かった。

定年で非常勤になった社員が個人で大切に保存していた歴代のカタログが、彼が休みの日に捨てられてしまったことがある。彼の悲しさ・口惜しさは計り知れず、筆者もその資料を当てにしていたから、非常に残念であった。電子化によって資料の保存は容易になったはずだが、系統的に整理・保存する意志と体制がなければ資料として活用できる保証はなく、むしろ消滅の危険性は増えたかもしれない。企業組織の変更や廃業があっても、記録は継承されていくことを切に願う。

借りた資料はすぐ返せ

研究に必要な資料は、あちこちから借りてくるものだが、借りた資料の返却を忘れていたり、毀《き》損や紛失などという事態があっては、次からは貸してもらえなくなる。貴重な資料を借りた場合、(コピーを取る許可を得た上で)必要なページをコピーして原本はすぐに返したほうが安全であり、研究室では原則そうしていた。「卒論が終わってからで結構です」と言われたとしても、貸したほうは心のどこかで気にしており、資料を手許に置いている側には保管責任がある。貴重な資料はさっさと読んで、用が済んだらすぐに返してしまうほうが安全である。

資料はずるずる手許に置くな

ある業界人がまとめていた貴重なスクラップブックを借りたまま、卒論を半ば放棄して卒業と同時に結婚した卒論生がいた。大事な資料はすぐにコピーを取って、原本はさっさと返してある、と信じていたのだが、途中からほとんど大学に来なくなっていた彼女はそれを認識していなかったようである。たまたま結婚式前日に、持ち主から強い剣幕で催促の電話があった。

類似標語　037「いつ死んでもよいように」

借りた資料は早めに返せ

挙式前日のため借りた当人とは連絡が取れず、しかたがないから研究室にいた全員で部屋じゅう探した結果やっと発見し、借りたままになっていた資料は何とか返却することができた。

結婚式には恩師として呼ばれていたが、式の前にそのことを伝えて花嫁を泣かせてしまったのは、少々大人気《おとなげ》なかったと反省。

仕事の整理は年度単位

大学の研究室は構成メンバーの多くが年度で入れ替わり、卒業者だけが知っていた情報は伝承されない、という不安定な組織である。大学に限らず、情報は共有化し伝承可能にしておかねばならない。継続課題は確実に次年度へ継続されなければならない。複数年度にまたがる仕事であっても、年度単位で順次完結する計画にしておく必要がある。

メモ魔もよいがほどほどに

（メモに頼らぬ記憶も大事）

　正確な記録のためには記憶に頼らず必ずメモを取るべきだが、筆記用具が使えない条件では不可能である。ゆっくりメモを書き留めている余裕がないこともあるが、そんな場合でもキーワードや記号だけでも走り書きで素早く書き留めておくなど、各自に合う方法を工夫したい。ただし時と場合によってメモも憚《はばか》られる。ポケットの中でメモを取るテクニックもあるが、メモが禁止されたゾーンで発覚したのでは問題になる。そんな場合を考えると「メモに頼らず記憶せよ」にも一理ある。

第五章　書類作成のルール

あらゆる仕事に書類の作成が伴うと言ってよい。ただし現代では電子化されたものも含まれる。書類に関しては、書式、作り方、扱い方、保存方法など、さまざまな留意事項があるが、その中でも「整理された書式で書くこと」は重要である。当然ながら正しい日本語の素養も不可欠である。

ここに挙げる内容は、どちらかといえば初歩的・基礎的なものが主であるが、実際に見られる書類には、いろいろな意味で不完全なものが多い。書類の扱いや書式のルールなどの基本的な留意事項をきちんと教わる機会がないまま、既存の書式、しかも構造的に欠陥のある書式を踏襲せざるを得ないケースが少なくない。ここで述べる内容が、そうした問題を見直す際の参考になって欲しい。

テープは貼ったらよく擦《こす》れ

たとえばセロハンテープの使い方一つを取ってみても、指でペタペタ触って粘着力を弱めておけば仮留め用になり、ゆっくり剝がせば跡形なく除去できる。しっかり貼りたい場合は貼った上から爪でよく擦っておく。文字が書けるテープは裂けやすくてうまく剝がせないから、仮留めや掲示には絶対に使ってはならない。しかし手近にこれしかないという理由で、仮留めに使った結果、壁面や机上にテープかすが残って取れなくなっていることが多い(会議中などに、こうしたテープかすを剝がすのは退屈しのぎになるが、テーブル面に傷をつけないよう注意が必要)。設計製図の作品を壁に展示する際に、あり合わせのテープとして、何と両面テープを剝離紙ごと片面テープのように使っているのを見たときは、呆れてしまった。

このようにセロハンテープなどの身近な文房具にも、使い方にはコツがある。どんな役職にいたとしてもこういうスキルは身につけていたほうがよく、卓上の事務機器からパソコンに至るまで、どんな機器でもスマートに使いこなせるようにしておきたい。若くて経験のない新入生・新入社員に対して、こうやったらうまく使えるんだよ、とさりげなく教えてあげれば、信頼される存在になる、と期待しよう。

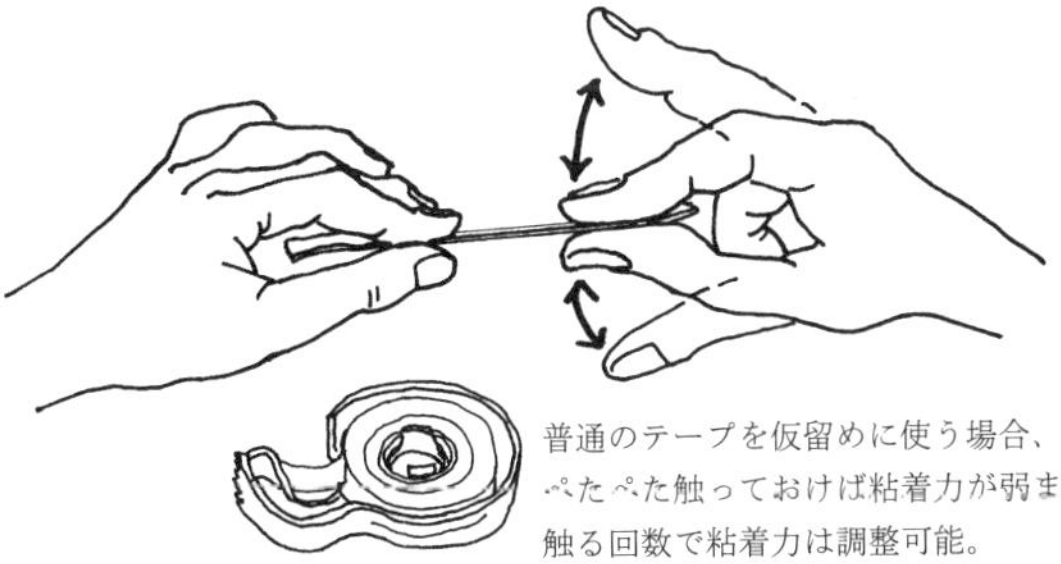

普通のテープを仮留めに使う場合、指でぺたぺた触っておけば粘着力が弱まる。触る回数で粘着力は調整可能。

皮脂が付くから鼻ではだめ。ただし鼻の脂は潤滑剤の代用にもなる。

粘着力は制御せよ

道具は上手に使いこなそう

このようにテープ一つを例に挙げても、無駄なく上手に使いこなすためには、その特性を熟知して適材適所の使い方を弁《わきま》えておくことが望まれる。他の事務用品や機器類についても同様であり、正しく上手な使い方をマスターしておいたほうが効率も良いし、だいいち楽しいではないか。

文字を書く作業の多くがキーボード操作に変わったが、やはり文字や図形を書く(描く)作業は知的生産の基本であり、用途に合った筆記用具の選択は意識すべきである。手近にあったマーカーを油性と水性の区別すら意識せずサインペン代わりに使った結果、インクが裏まで浸みてしまった例を見たことがあるが、これではあまりに恥ずかしい。

いつ死んでもよいように

共同作業では仕事を分担して処理するため、ある者が担当する作業について、他の者は詳細まで知らない場合が多い。全員が詳細を全部把握している状態は、逆に分業のメリットが生かされていないわけだから、それぞれの作業に特化するのは自然な成り行きである。しかし誰かが不慮の出来事で急に作業ができなくなったような場合でも、所定のスケジュールで同品質の成果物を完成させる必要がある。そのような場合を想定して、遅滞なく同品質の成果物を完成させる方法も考えておかなければならない。

なお、「死んでも」という表現はいささか直截《せっ》すぎるので、後に「いなくなっても」と言い換えている。

進捗状況明確に

どの作業を、どんな方法で、どの段階まで進めていたのかが他のメンバーにもわかるようになっていないと、共同作業や継続作業をスムーズに行うのは困難である。また、他人から借り

類似標語　024「年度替わりにノウハウ伝授」　035「借りた資料はすぐ返せ」

借用資料管理表							2018_001～		△△大学○○研究所		
番号	資料名	種別	備考等	借用	返却予定	返却	借入先担当者	同左・連絡先	部内担当者	同左連絡先	特記事項
2018_001	A社○○型使用説明書(1995)	取扱説明書	損傷激。修理後返却か、要連絡。	18.02.10	19.02.28	済02.25	○○支社△△部□□□係M澤係長	03-****-**** ****@kaisha.co.jp	A本部B課○○○	内線****	貸出担当者は極めてシビア。返却時は事前連絡。
2018_002	B社△△型旧カタログ(1980)	製品カタログ	やや傷んでいる、取扱注意。	18.02.10	19.03.29	未	○○建設㈱△△部□□課○○係長	03-****-**** ****@kigyou.co.jp	C部D課△△△	内線****	無断返却遅れは次から貸してくれない。
2018_003	「住宅部品を上手に使う」	書籍	読み耽ってなかなか返さぬ傾向。	18.05.10	18.06.29	未	○○大学△△校舎図書館	0422-**-****	E研究室○○室長	内線****	なし

借りた資料は期限までに必ず返却する。
たとえば図のような管理表を作成し、現況を誰が見てもわかるように。

借りた資料は徹底管理

た貴重な資料を所定の期日までに返却しなければならない、といった対外的な事項も、確実に引き継がれなければならない。したがって、ファイル類は常時きちんと整理し、懸案事項をわかりやすくチェックリスト化し、さまざまな情報を視覚化して、メンバーの誰が見ても容易にわかるようにしておく必要がある。

一人の仕事も体系化

これは共同作業に限らず、自分一人でする仕事についても共通の原則である。一人でする仕事であっても、ファイルや道具などは常にきちんと整理整頓し、仕事の全体像が体系的に把握できるようにしておく必要がある。そうすることによって、必要な資料や連絡先等の情報が見つからなかったり、重要な用件をうっかり忘れてしまう、といった無駄の回避が可能になる。

タイトル、日付、サインとページ

書類には標準の書式を決めておくとよい。たとえば、用紙はA4判・縦使いを原則とし、左25㎜程度を綴じ代として空け、上部に引いた横線（レポート用紙は上部の横罫）の上の余白にタイトル（会議名、レポート内容等）、作成年月日（西暦、または西暦・元号併記）、作成者名（サインは氏名が判読可能なもの）、ページ番号（「番号／全ページ数」の分数形式、1枚の場合でも「1／1」、右上などに位置を統一）を明記しておく。

毎回異なる書式では、読むほうも余計な神経を使うことになる。しかし不合理な書式を「前からそう決まっているから」という理由で不便なまま使い続けるのでは、無駄や間違いのもとだから、時には書式を見直すことも必要である。

ページ番号は分数表示

これらの表示が無い場合、途中の1枚だけ見たのでは何の書類かわからず、日付が無ければどの時点のものか不明である。またページ番号が分数形式で書いてあれば、うっかりクリップ

類似標語　004「鞄の蓋は閉めておけ」 023「議題書なしで会議をするな」 042「シートの書式はシステム化」 053「書式は早めに決めておけ」

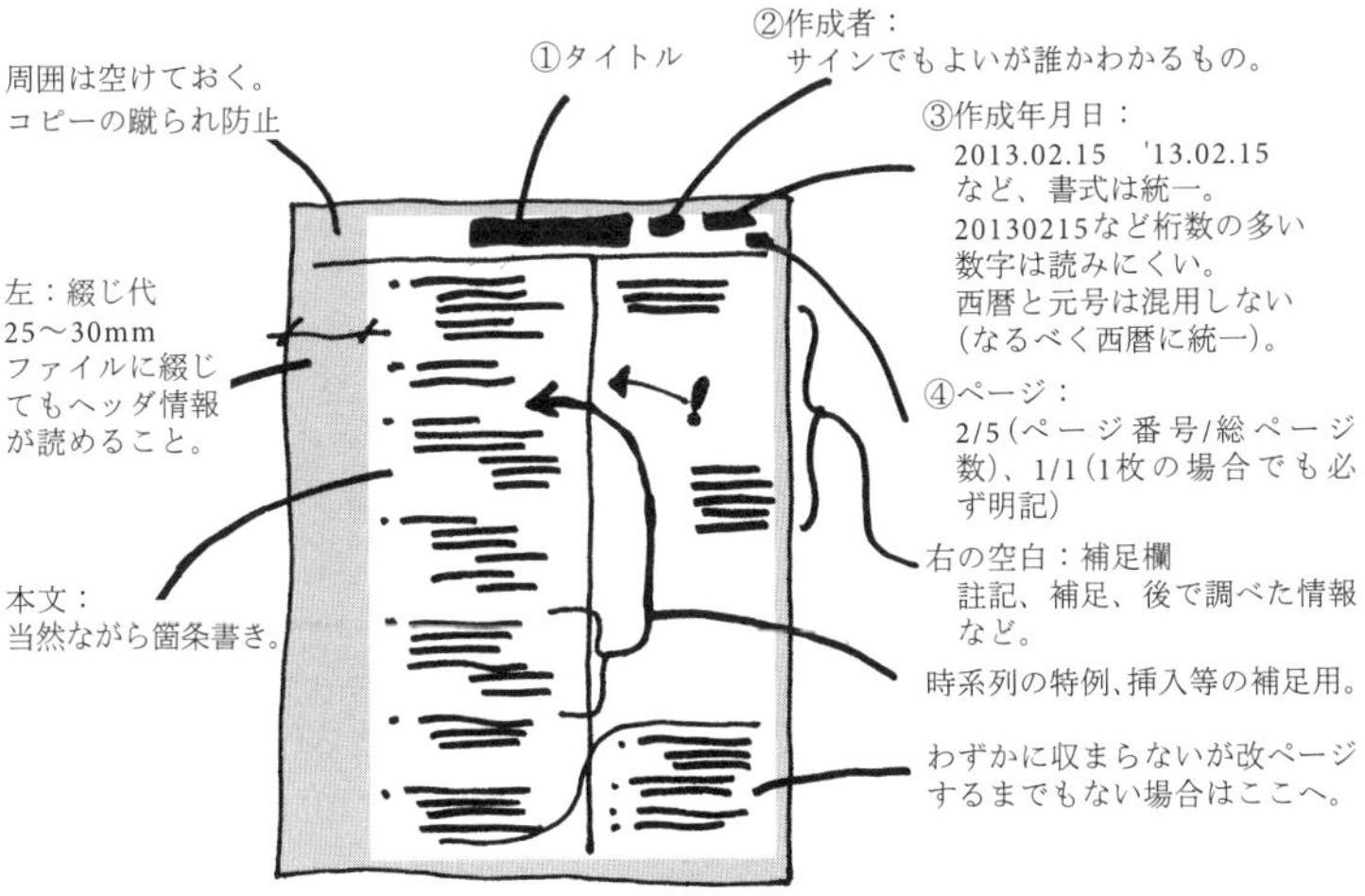

メモの標準書式

が外れた場合も困ることはない。こうした書式は共通ルールとしておくべきである。

私的な手紙の場合も年月日を必ず書く習慣にしておけば、いつのものかがわかるので（後に歴史的資料になる場合にも？）便利である。

用紙は余白を残しておけ

メモを取る場合には、右側3分の1程度の位置に縦線を引き、その右を空けておく。不明な用語などの補足を追記したり、話の順序が前後した場合に時系列関係を補足したり、必要な図解を加えたり、本題とは関係がない雑談のメモなど、本文の流れとは別のメモが追記できる書式は便利である。常に整理を意識してメモを取っておけば、後の処理がきわめて楽になる。

「そんな面倒な……」との声が聞こえそうだが、慣れればそう面倒なことではないと思うのだが。

書類はすべて箇条書き

内容を正確かつ迅速に伝えるには、だらだら長い文章ではなく箇条書きがよい。論文・報告書・事務連絡等の「論理的」な文章は、全体構成や要点を箇条書きで十分に練ってから文章の形にする。会議の配布資料等も、極力箇条書きにする。例を挙げるまでもないが……、

「山スキーに出掛ける際に必要なものは、スキー道具や通常の登山道具のほかに、衣類や非常食糧・飲料、さらに忘れてはならないものとして地図やガイドブックがあり、その他に時刻表やその地域に関する諸々の関連資料などの事前調査情報が挙げげられよう。」

という「文章」と、

・山スキーに必要なもの

1　スキー用具：スキー、ストック、兼用靴、シール等
2　登山装備：防寒具、雨具、ヘルメット等
3　食糧等　：食糧、非常食、酒類、常備薬等
4　地図等　：地形図、時刻表、ガイドブック等

という「箇条書き」とを比べれば、わかりやすさの差は明白である。

取りあえず必要なものを出しただけの状況。
昨年使ったまま手入れもせず放置してある。
これでは必要な装備が揃ったかわからない。

まず装備を種類ごとに分類して整理。種類ごとに袋・風呂敷などにまとめる。
道具や装備の整備も同種のものを一括処理。
このように整理すれば紛失等の恐れもない。

たとえば山スキーに行く場合の装備の準備も、種類ごとに整理してあれば手間がかからない。

ものの整理も箇条書き

文体の前に論理構成

論理構成が整理できていない文章を出されても、全体がひとつながりの文になっていたのでは添削のしようがない。そこで、論理構成を明確にするために、まずは箇条書きで書くよう指示するのだが、どうしても「文章」で書きたがる者が多い。

そこで、論理構成を検討させるために論文の本文まですべて箇条書きで書かせていた時期がある。無論そのままでは外部に発表はできないが、口頭発表の予稿などでは箇条書きのほうがむしろ便利である。しかしさすがに一般的ではなく、いつの間にか文章形式に戻った。

美しい文章、読みやすい文章を書くためには、大いに読み、書くようにしたい。昨今では、スマホの「短文羅列体」に毒されてか、長い文章が書けないだけでなく読解すらできない若者が増えていることを痛感するが、これはきわめて憂慮すべき傾向である。

書くときは大きく、読むときは小さく

書く場合と読む場合では、適切な文字サイズが違う。手書きの文字は、印刷文字とは違って細かい線を離して書くために、十分な文字の大きさが欲しい。しかし印刷文字は判読できればよいのだから、かなり小さな文字でもよい。この違いを理解しないために、記入欄が狭すぎる場合がある。記入不能なほど小さい書式に出くわすと、実際に記入したことがない者が決めた書式としか思えない。記入用のフォーマットを設計する場合、項目名は読めればよいが、記入欄は手書き文字に十分なサイズにしなければならない。

名刺と名札を兼用するな

会合等で胸に名札を付ける際に、受付で名刺を2枚要求されることがある。事務局側の手間を省くために1枚を透明ケースに入れて名札代わりにするわけである。しかし名刺の文字は、パーティー会場で相手の名前を一瞬で確認するには小さすぎる。よく知っているはずの相手の

記入欄の大きさ

氏名

こんな記入欄も実在する。
（自分で書いてみろよな）

氏名

印刷文字サイズの欄に手書きは無理。

氏名

文字は3mmでも読めるが、手書き欄の高さは8mm以上欲しい。

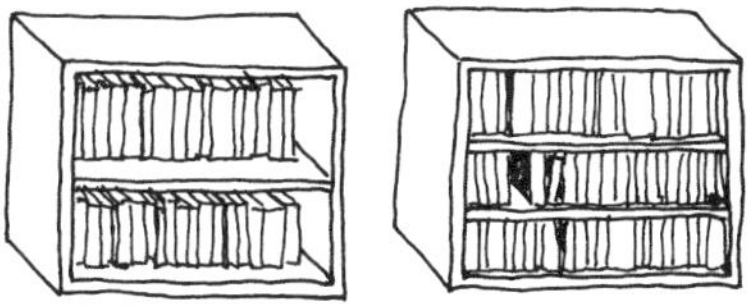

定型サイズの書棚
A4縦使い：2段しか入らずスペースが無駄。
A4横使い：3段で奥行きもちょうどよい。

真鍋研究室の論文書式：
学科の規定ではA4縦製本だったが、省スペースのため勝手に横使いで2ページ分を縮小印刷していた。

書くときは大きく、読むときは小さく

名前が咄嗟《とっさ》に思い出せない場合に、あからさまに顔を近づけて読むわけにもいかない。名札の文字は少々離れた位置から読める大きさが必要である。名刺サイズの紙に大きな字で名前をプリントして名刺入れに用意しておくとよい。

大きい文字に騙されるな

学位論文などで、通常よりかなり大きいフォントで印刷した例を見ることがあるが、老眼の査読委員への配慮というより、単に厚さを増やすためとしか思えない。読む立場からは、さほど大きい文字である必要はない。

筆者のいた大学では、卒論・修論の提出書式はA4判縦使いとされていたが、筆者の研究室では厚い論文が多かったためこの規定は無視し、A4判横綴じで通常の2ページ分を縮小コピーで1ページに印刷していた。厚みが半分（片面印刷と比べれば4分の1）になるだけでなく、定型サイズの書棚にぴたりと納まる利点もあった。

書式を決めたら記入例

文書や表の書式を決めたら、ただちに実際のデータや文章を記入してみて、その書式が使いよいか、見落としている項目はないか、といったチェックをする。どんなものを作る場合でも、作ったら実際に試してみるのは当然である。しかし、データ整理シートやアンケート調査用紙などを設計する場合、試しに記入することを怠って「はい、できました」と枠だけの書式を持ってくる者が少なくない。所定の書式に実際に記入しようと思ったら、欄が狭くて書けないこともよくある。書式を決める際には、当然ながら必ず実際に記入してみる必要がある。

書式のチェックは原寸で

アンケート調査等でも、仮想の回答や身近な人間による回答を必ず記入し、集計まで実際にしてみる必要がある。そのためにも、設計段階では実際に使うサイズの書式を作ってデータを記入してみないと意味がない。いい加減な縮小サイズでは、必要な情報の記入・処理が可能かどうか判断できない。必ず実物大のフォーマットで検討すべきである。

類似標語　040「書くときは大きく、読むときは小さく」

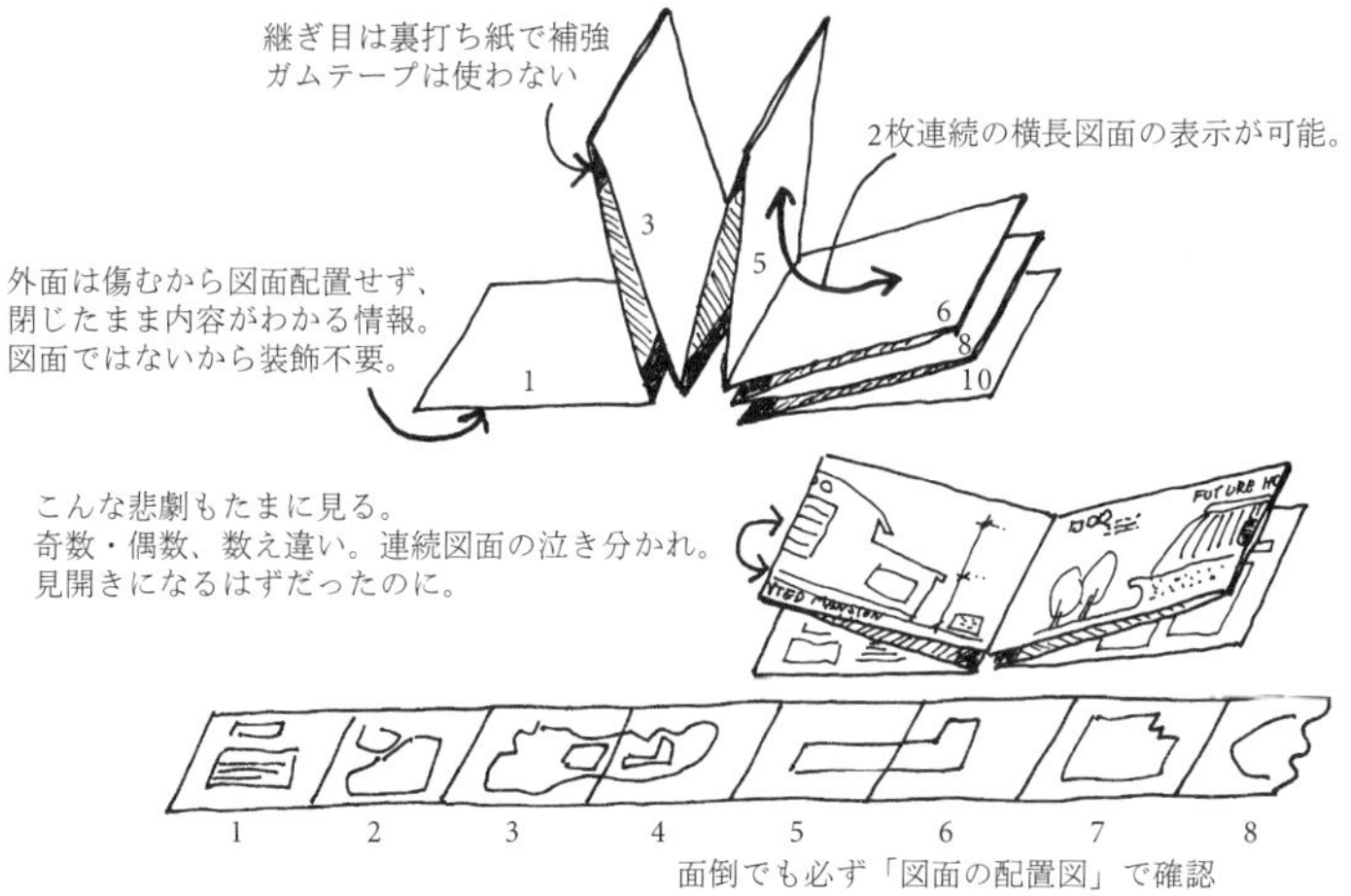
継ぎ目は裏打ち紙で補強
ガムテープは使わない
2枚連続の横長図面の表示が可能。
外面は傷むから図面配置せず、
閉じたまま内容がわかる情報。
図面ではないから装飾不要。
1
3
5
6
8
10
こんな悲劇もたまに見る。
奇数・偶数、数え違い。連続図面の泣き分かれ。
見開きになるはずだったのに。
1
2
3
4
5
6
7
8
面倒でも必ず「図面の配置図」で確認

屏風綴じ製本の図面

巨大書式は縮尺検討

しかし大きな図面やポスターなどの場合は、いきなり原寸で書式を設計するのは現実的ではない。この場合も、不正確なスケッチではなく正確な縮尺図を作成し、図についても縮小図を作ってレイアウトしてみてから、実際の製作に移る必要がある。

山折り谷折り意識せよ

設計課題で枚数が多い図面を屏風綴じ製本で提出する場合には、見開きになる2枚は連続で2倍サイズの図面として利用できる。しかし予定から1ページずれて、2枚連続の図面が見開き位置になっていない例を見ることがある。図面等の配置は、プレゼンテーションの全体像をイメージするために早めに決めておくべきである。

シートの書式はシステム化

一連の仕事で使うフォーマットは、できる限り関連性・統一性を持たせたほうがよい。あるデータシートで表の縦軸になっている項目が別の表で横軸になっていたり、記号が表ごとにばらばらだったり、フォントが不統一だったりでは、見苦しいだけでなく情報伝達の妨げにもなる。用紙・色・字体やレイアウトのデザインを統一しておくことは、単に見やすいだけでなく、一種のＣＩとしての主張にもなる。

書式の基本は関連性

いろいろなサイズの図表や写真を配置する場合、たとえば周囲の線の位置を揃えるなど、互いに関連性を持つレイアウトにしておけば、ばらばらな印象が避けられる。論文の場合も、図表のサイズを(無理なら左右幅だけでも)何種類かに統一すれば、レイアウトも楽になる。なお、図や表の下の説明文字数を図の左右幅にぴたりと合わせるのは、その気になればさほど難しいことではない。

類似標語　023「議題書なしで会議をするな」　038「タイトル、日付、サインとページ」
053「書式は早めに決めておけ」

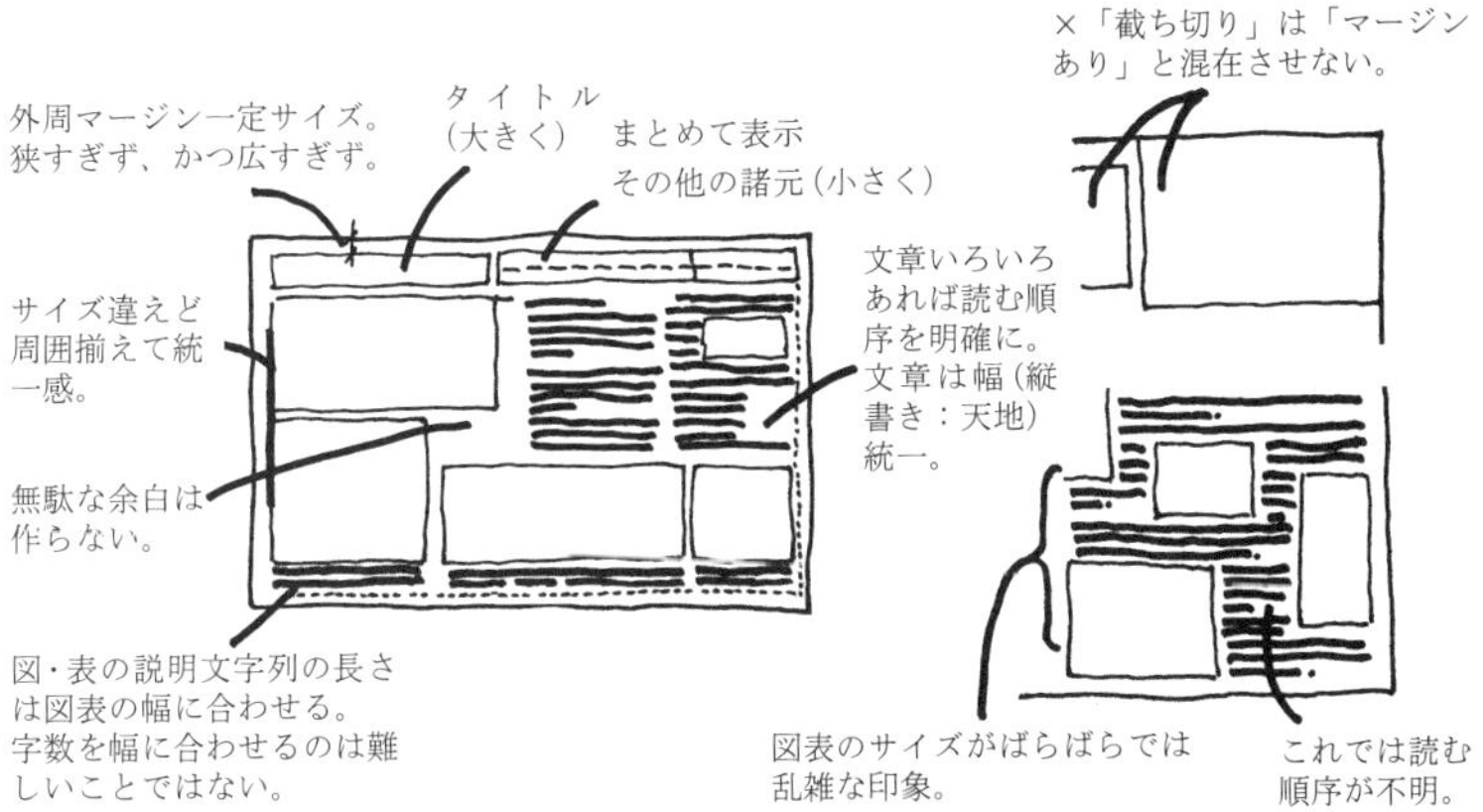

プレゼンテーションパネルのレイアウト

書式の整理はデザインの基本

せめて書式は完璧に

設計製図の課題で、別々の紙に描いた図面を切り貼りして出してくる者がいる。それ自体がだめだというわけではないが、貼り付けた図面のサイズやレイアウトがばらばらな作品を見ると、とてもデザイン心《ごころ》があるとは思えない。

設計製図の講評で、たまたま外国から来ていた教授が「建築のプラニングは諸君にとっては確かに難しい。しかし図面を上手に配置することは簡単なことじゃないか。それに、こうしたレイアウトを蔑《ないがし》ろにするのでは、建物自体のデザインだってうまくできるはずがないだろう」と言ったのには、大いに同感であった。しかし、簡単でゆっくりしたスピーチだったのに、英語というだけでまったく聞こうとしない学生が多いのが気になった。

綴じ方までも気を配れ

未製本のままで書類を放置すると、散逸したり順序が乱れたりする危険性がある。製本した書類であれば、ばらばらになることがないから安心である一方、そのままコピーすると綴じ代付近の文字が歪んだり欠けたりする問題がある。製本の具体的な方法にも、レイアウトに応じた縦位置・横位置の選択、綴じる位置や箇所数、使う「針」のサイズと形状(在来型かフラットクリンチか)、その前にクリップかホチキスかといった具体的な製本方法など、いろいろな選択肢がある。書類の用途に応じて、最適な綴じ方を工夫しなければならない。

クリップ留めには要注意

会議でクリップ仮留めの資料が配られることが多いが、クリップが引っ掛かって外れ、綴じた単位がわからなくなることがある。クリップ留めにする理由は「会議の出席者が持ち帰って配布用にコピーを取る」ためであって、それ以外にクリップ仮留めにする必然性はない。理由もわからず単に「こうするものだと教えられたから」というケースが多そうである。

類似標語　038「タイトル、日付、サインとページ」

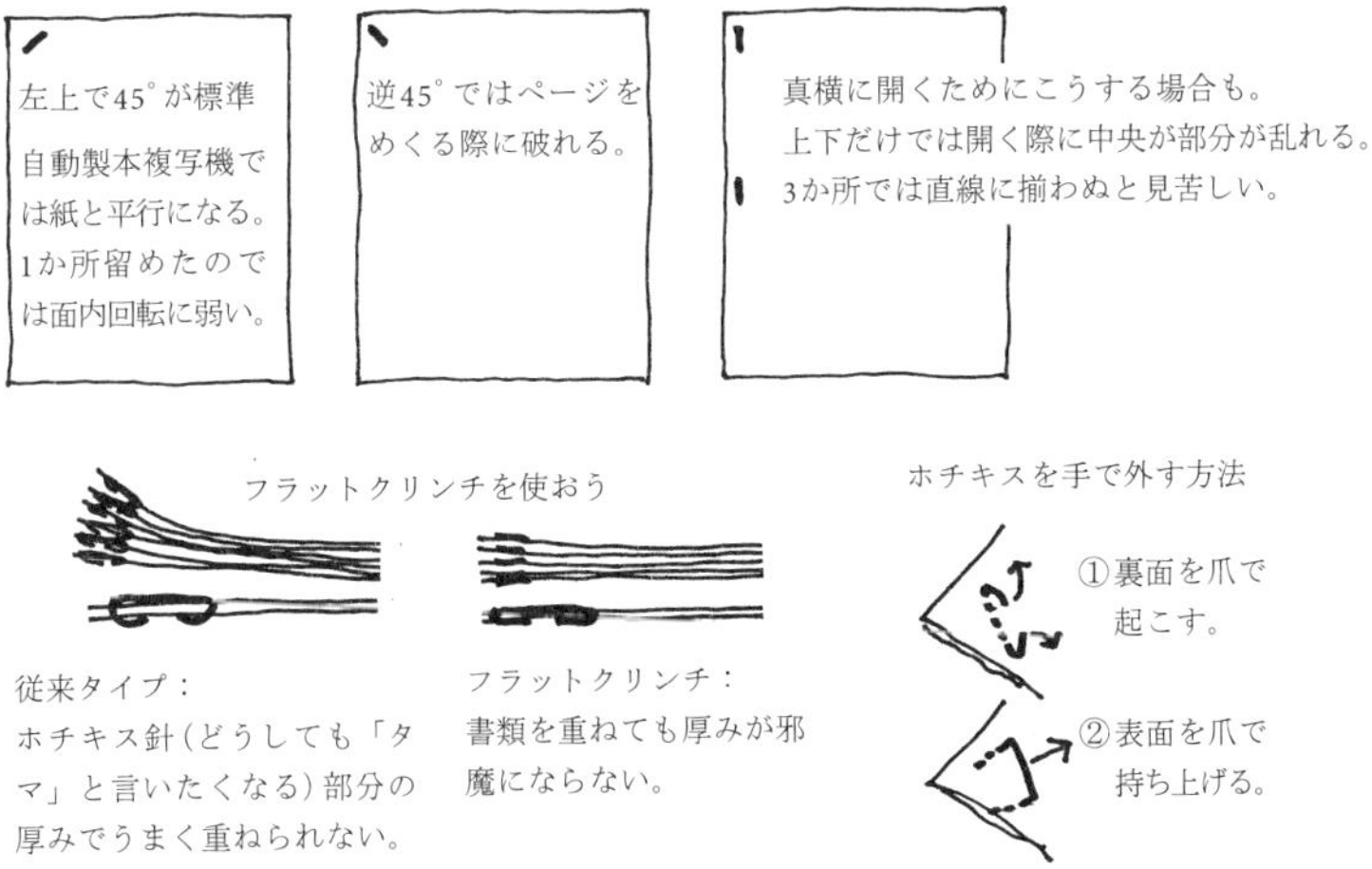
左上で45°が標準
自動製本複写機では紙と平行になる。1か所留めたのでは面内回転に弱い。
逆45°ではページをめくる際に破れる。
真横に開くためにこうする場合も。
上下だけでは開く際に中央が部分が乱れる。
3か所では直線に揃わぬと見苦しい。
フラットクリンチを使おう
従来タイプ：
ホチキス針（どうしても「タマ」と言いたくなる）部分の厚みでうまく重ねられない。
フラットクリンチ：
書類を重ねても厚みが邪魔にならない。
ホチキスを手で外す方法
①裏面を爪で起こす。
②表面を爪で持ち上げる。
ホチキス留めにもコツがある

ホチキス留めにもコツがある

さほど厚みのない書類を綴じる場合は、左上1か所のホチキス留めが一般的だが、そこを中心に回転して紙が破れることがあるため、あくまで簡易な綴じ方と考えたほうがよい。

左上を留める場合、ホチキスは「／」方向が正しい。「＼」にしたものを見掛けることがあるが、ページをめくる際に紙が破れてしまう。

ホチキスでもクリップの代用として仮留めは可能である。ホチキスの尻には針を起こして外すための金具が付いているが、慣れれば爪先でも簡単に外せる。

なおクリップ留めの場合、外したクリップは捨てずに取っておこう。筆者は、容器にいっぱい溜まったクリップを、「プレゼント」と言って事務室に届ける習慣にしていた。

コピーの取れない書類を書くな

紙の端からびっしり字を書く人がいるが、紙の端部が傷んだりコピーの位置がずれたりすると字が欠ける。ファイルに綴じる際はパンチが使えず、孔をあける代わりに透明ポケットに入れたのでは、幅サイズが揃わない上に、ポケットに入れる手間が掛かる。余白を空けるため縮小コピーするのでは、手間の問題だけでなく、サイズが変わると用をなさないこともある。

紙の周囲は適度な余白

書類はコピーが取れることが前提である。コピーを取ると縞模様が一面に入ってしまうなどのコピー防止技術もあるが、一般にはコピーが取れてこそ価値がある。文書を作成する場合は、鮮明なコピーが取れることを前提とすべきである。書類には四周に適切な余白を空け、綴じ代を考えたレイアウトにしておく。

紙の端からびっしり字を書くのではなく、常識的には紙の周囲には一定のスペースを空けておくものである。紙の端部が傷んだりコピーの位置がずれたりすると字が欠けることがあり、

類似標語　049「無駄なコピーは取るべからず」

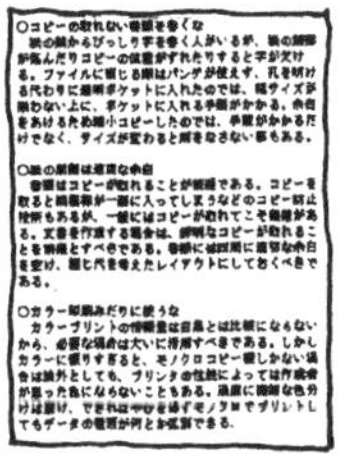

周囲に余白（マージン）がないと、いろいろ不都合がある。
紙の端まで使うべきではないが、こんな書き方も実在する。

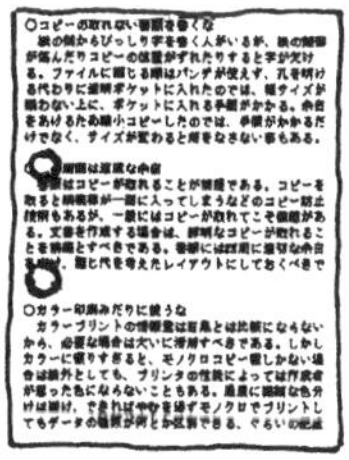

孔をあけてフォルダに入れる場合は25mm程度の余白が必要。

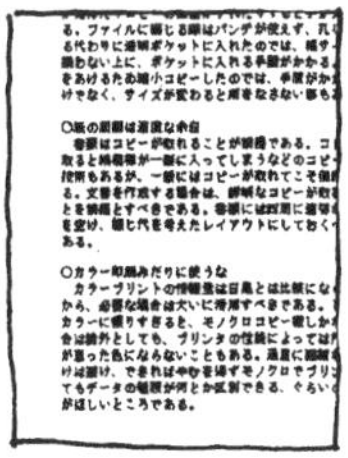

余白がない場合、コピーのずれで文字や図形が欠ける恐れがある。

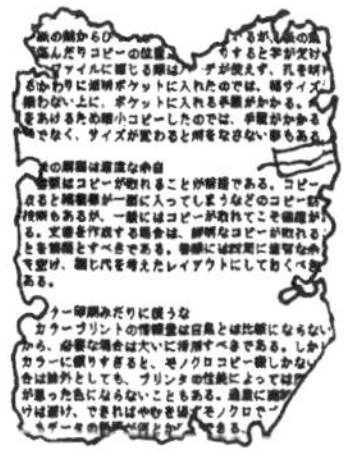

古書では紙の劣化による欠落もある。自分の著作物がこんな状態になるまで読んでいただければ本望だが。

書類の周囲は余白を残せ

孔をあけてファイルに綴じる場合にはそのための綴じ代が必要である。

カラー印刷みだりに使うな

カラープリントの情報量は白黒とは比較にならないから、必要な場合は大いに活用すべきである。しかしカラーに頼りすぎると、モノクロコピー機しかない場合は論外としても、プリンタの性能によっては作成者が思った色にならないこともある。過度に繊細な色分けは避け、やむを得ずモノクロでプリントしてもデータの種類が何とか区別できる、ぐらいの配慮が欲しいところである。

プリンタ本体が安い割にインクは高価であり、プリンタの価格を下げた分はインクで稼いでいることになる。ケチケチするなと言われそうだが、無駄なカラー印刷は控えよう。

メモの記入は異なる色で

配布資料は一般に白黒コピーだから、黒でメモを書き込むと区別がはっきりしない。異なる色でメモすればよいのだが、はっきりコピーが取れる色を選ばねばならない。そもそも書類は、よほどの守秘対象でない限り、コピーが取れることは必須条件である。

教師は教育のプロであれ

若い頃の話だが、ある教授の研究室で何気なく机上の採点中の答案を見て驚いた。黒鉛筆で書かれた答案に、その教授の採点が同じ黒鉛筆で書き込まれているではないか。採点は赤鉛筆というのは小学校以来の常識であり、筆者のいた大学では青鉛筆を使う決まりであった。自分の書いたメモは筆跡で区別できるし、他人に見せるものでもないからこれでよい、という屁理屈もあろうが、同色での書込みは、あまりに非常識である。

大学では他の教師のやり方に対して指導的立場からものを言うことなど（お節介な小生を除けば）まずあり得ない。教授は、研究の実績は問われるものの、教育技術に関する訓練は実は

入力データの校正をモニタ画面だけで行うと見落としが多いような気がするのは筆者だけだろうか。
校正はプリントアウトしたものに筆記用具で記入するほうが確実。異なる色で訂正・変更などを記入する。
白黒コピーで色の区別はなくなる。手書きと活字は区別できるが、手書きの下線・囲みのほうが確実。

校正作業は紙でせよ

ほとんど受けていない。ＦＤだの第三者評価だのと改革が叫ばれているが、教育の基本スキルについては改善が見られないようだ。

校正作業は紙でせよ

データを入力したら、集計計算の前に入力が正しいことを確認する必要があるが、パソコン画面を指でなぞって確認する方法は、なぜか見落としが出やすい。一度プリントアウトしてチェックを書き込みながら行う方法が確実だが、当然ながら印刷された黒とは異なる色で記入し、訂正箇所をさらに別の色で確認するなどの工夫が必要である。

パソコン導入期の笑い話だが、入力したデータをチェックするよう指示しておいたところ、プリントアウトした紙の文字を修正液で消して訂正を書き込んだ学生が、本当にいた。

ファイルの背にはタイトル明示

書類をファイルに整理しても、欲しい情報がすぐに取り出せなければ意味がない。ファイルの表紙と背表紙には必ず内容を表示し、その表示内容も常に最新情報にアップデートしておくなどの維持管理を怠けてはいけない。こんどヒマがあったらやろう、などと思っていても、実行できないことが多い。取りあえず仮に書類を挟んでおく場合もあるが、うっかり間違ったファイルに挟み込んでしまったら永久に行方不明になる危険性がある。

名無しのファイルはゴミと同じ

ファイル背表紙のラベルフォルダが空だったり、買ったままの状態で商品名のラベルが入ったままなど、背表紙が機能していないファイルを見るたびに「中身を捨てて別の用途に使うぞ」と言っていたものである（実際に捨てたことはないが）。せっかく透明カバーにラベルを挟み込む形式になっているのに、透明カバーに直《じか》にマジックインキで記入する無神経な輩がいたのには、心底呆れたものである。

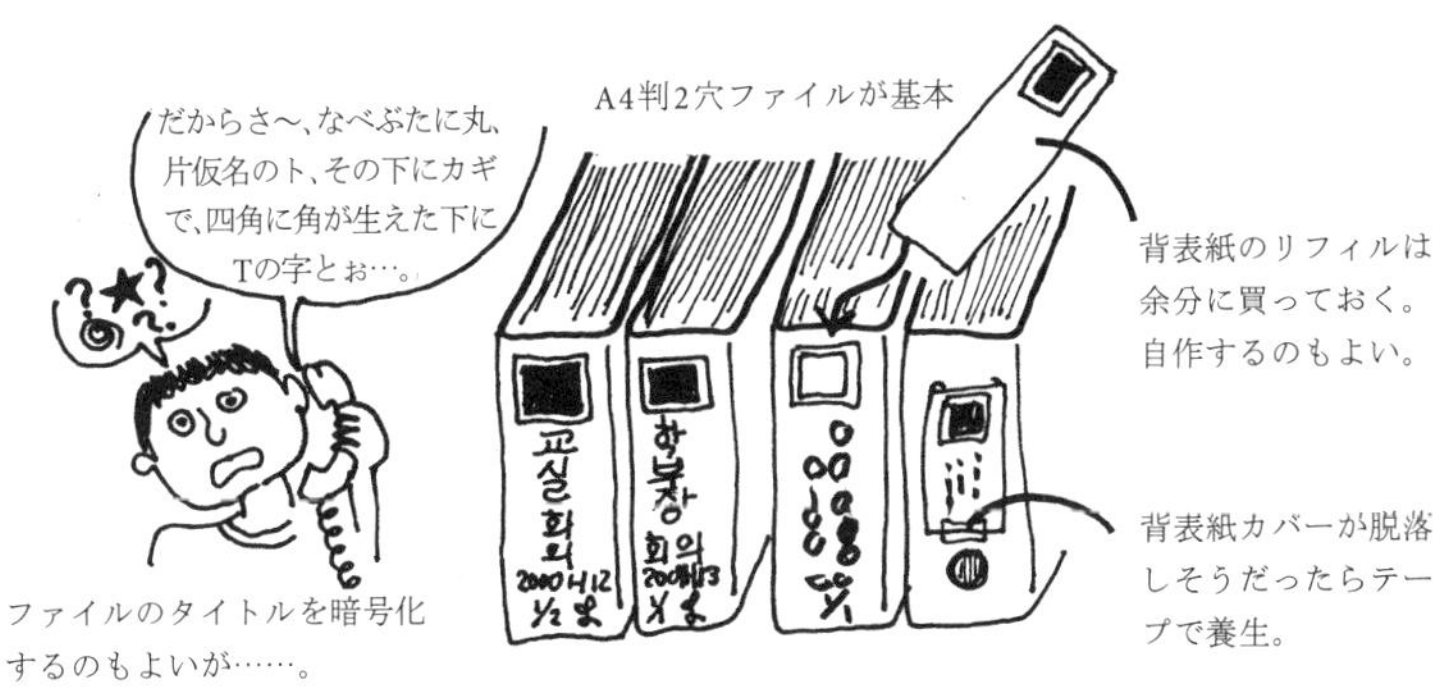
A4判2穴ファイルが基本
だからさ〜、なべぶたに丸、片仮名のト、その下にカギで、四角に角が生えた下にTの字とぉ…。

背表紙のリフィルは余分に買っておく。自作するのもよい。

背表紙カバーが脱落しそうだったらテープで養生。

ファイルのタイトルを暗号化するのもよいが……。

ファイルの背にはタイトル明示

暗号表示も時には不便

機密書類ファイルは人目につく所に置いてはならないが、ファイル名を暗号で書く方法もある。韓国語を勉強していた頃、ファイルの背表紙をハングルで書いていたのだが、会議室から研究室に電話してファイルを届けてもらう際に電話で伝えるのにひどく苦労した。

持ち物には名前を書こう

ファイルの表題に限らず、持ち物にも名前を書いておくのが基本である。幼少時に「持ち物には名前を書け」と教え込まれ、今でも実践しているが、旅先で仲間と一緒に入浴する際に、下着に自分のマークや使用開始年月日がマジックインキで書いてあるのを見て笑われることがある。

047

人名・地名はルビを振れ

初めての土地に行く際には、地図や旅行案内は必需品である。地図が無いと自分が現在どこにいるのかがわからず、山や川などの地形や、町や建物の名前がわからないのでは、不便なだけでなく、だいいち面白くない。人里離れた大自然の中では、現在地が不明では生命にかかわることもある。だから、旅行や登山に出掛ける際は、原則として正確な地形図を持参するようにしたい。

地名には読み方がわからないものが少なくないが、その割に地図や案内図には振り仮名が少ないような気がする。ルビを付ける手間を惜しんでいるのか、あるいは版元の地図マニアが難読地名にわざとルビを振らないという意地悪をして楽しんでいるんじゃないか、などと勘繰りたくもなる。

名刺をもらっても読み方がわからないことがある。特に昨今では、わざわざ変わった読み方をする名前が少なくないが、振り仮名を併記した名刺は多くない。裏面に英文表示があればよいが、無い場合にその場でただちに「何とお読みすれば？」と聞き逸《そび》れると、最後まで人称代名詞だけで通したり、メールアドレスから類推するなどの苦労をすることになる。

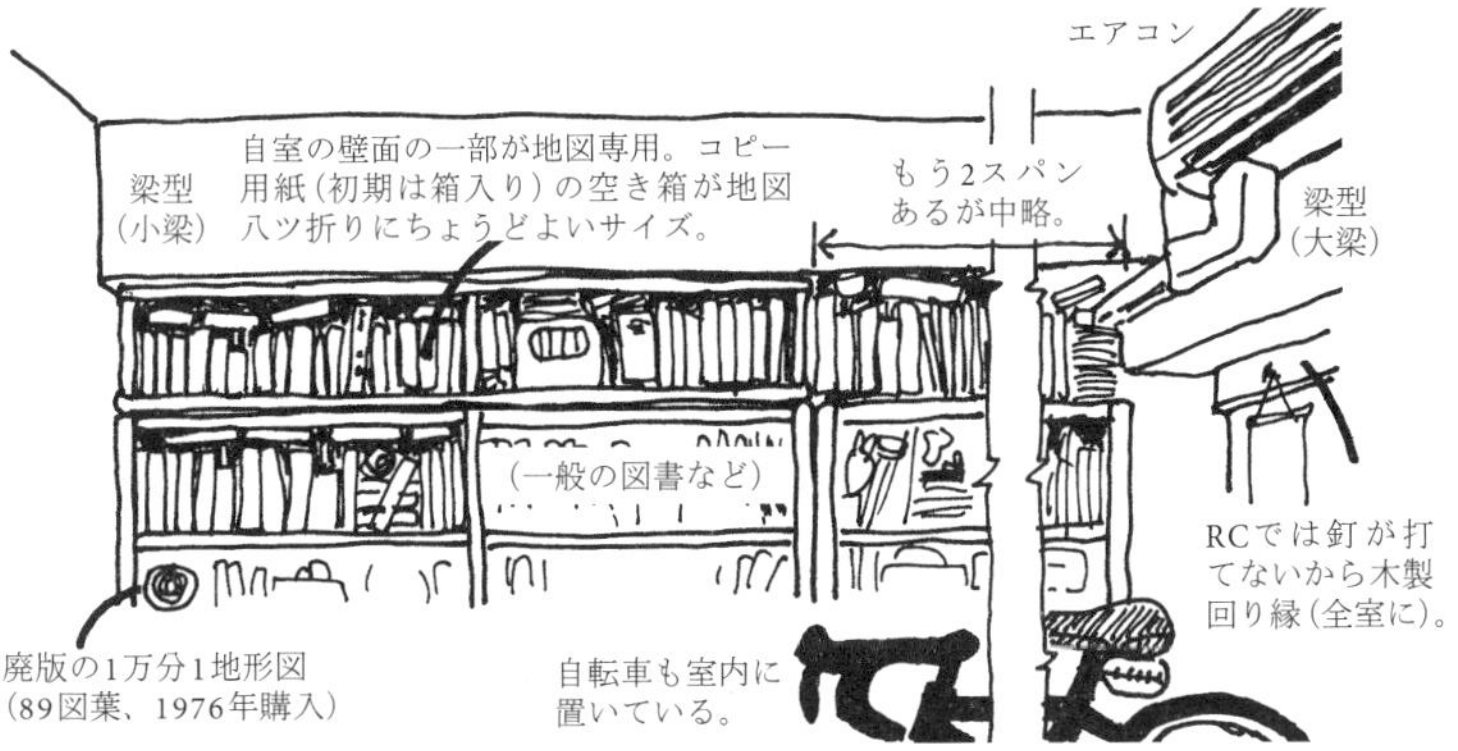

地図は旅行の必需品

振り仮名付けても失礼ならず

難読の人名や地名には振り仮名を付けるべきである。昨今では印刷技術のハードルは低下しているから、難しい文字や読み方が複数ある文字には、ルビ（振り仮名）を付ければよい。わからないで読み違えをするより、本人に確認してでも正しく読むほうが失礼にならない。

ルビ本来は活字のサイズ

なお「ルビ」は振り仮名を意味するが、本来は活字のサイズを表す言葉である。19世紀のイギリスで活字のサイズを宝石の名前で呼んでおり、「ルビ」（ルビー）は5・5ポイントサイズの活字。わが国の新聞で振り仮名に使った7号活字がそれに近かったので、こう呼ばれるようになった。

048

原稿書いたらすぐチェック

原稿・レポート・手紙・メール等を書いたら、提出する前に必ず読み返すことを習慣にすべきである。内容の矛盾、文脈の捩《ねじ》れ、文体の不統一、番号の不統一、字の間違い、字下げ不統一など、気づかぬミスがある。計算したら検算をするのは小学校で習ったとおりであり、文書作成についても同様である。客観的な視点から読み直して推敲するのは、書類作成の基本である。自分が書いた文書は、思い込みもあってミスに気づかないことが多いものだから、いったん頭を切り替えて、客観的な視点から見直す必要がある。研究室の学生には「一字一句鉛筆でなぞってチェックせよ」と指示していたものである。

書類を書いてもすぐには出すな

試し算の原則は、計算に限らず書類全般、さらに研究や事務など作業全般にも当てはまる。データを集計した場合も、処理手順に思い違いやデータの読み違いなどがあるかもしれない。客観的視点からもう一度手順を確認して、ミスを見落とさぬ配慮が必要である。完成したら

♪〜できたできたと力が抜けて
ついついチェックもないがしろ

提出前には必ずチェック

「できた、やれやれ」と解放された気分になる前に、今一度フレッシュな視点からチェックすることで、安心して提出できる。

書いたら他人に見てもらえ

第三者の客観的な視点からは、著者が自分では見落としていた矛盾点や誤字などに気づくことがある。作製した書類を誰かに読んでもらうこと（ダブルチェック）や、観点を変えて読み直すこと（クロスチェック）をルールにしておくとよい。

しかしこうした指導は嫌がられることもある。間違いを発見すると修正手間が発生して面倒くさいとか、せっかく書いたものにケチをつけられて気分を害される、などの心理であろう。しかし、より良い成果物を目指すには、面倒がらず積極的に他人の意見を聞こう。

書くときは大きく、読むときも大きく

（老人比率は増える一方）

書く場合とは違って、読む場合、特に印刷文字の場合は、かなり小さな文字でも読むことが可能である。しかし、筆者も含めて、ある程度以上の年齢になると、細かい文字を正確に読み取るのが困難かつ苦痛になってくるのは宿命であり、書くときだけでなく読む場合も文字は大きめのほうが楽である。補助照明や拡大鏡など、いわゆる「老人グッズ」を嫌がらずに使いこなせばよいとはいえ、ある程度以上の大きさの文字で書く（印刷する）配慮があれば、老眼の立場からはありがたい。

第六章

作業全般の心得

この章では、前項までに述べた基本事項に続いて、その他の作業全般に関連する補足的な留意事項を挙げておく。さまざまな書類の作成・コピー・メール送付などの具体的な作業に関する注意事項で、前項までに述べていないことを中心に述べる。

日常的にこなしているさまざまな仕事の進め方においても、今まで特に疑問も感じず習慣的に行ってきた作業手順に、実はいろいろ無駄や落とし穴があるなど、改善の余地がある場合が少なくない。

作業の手順・方法、習慣的に使ってきた書式なども、固定観念や先入観にとらわれることなく、時には客観的な目で見直して、無駄な作業や非合理的な習慣は思い切って改めていくとよい。

無駄なコピーは取るべからず

現在ではコピー機器が進歩して、実に手軽に鮮明な複写が取れるようになった。しかし筆者が学生の頃は、コピーといえば青焼きであり、コピーの原紙は半透明な紙（トレーシングペーパー）であった。陽画のコピーが現在のように簡単に取れるようになる前は、手間もコストも掛かり、品質も不十分であった。富士ゼロックスが設立されたのは１９６２（昭和37）年だが、筆者のいた大学で普通紙コピー機が導入されたのは１９７２（昭和47）年、論文等の製本に普通紙コピーが標準化されたのは１９８２（昭和57）年からである。研究室ごとに専用のコピー機があるだけでなく、自宅にもプリンタがある現在の状況など、当時は想像だにしなかった。

コピー１枚昔は苦労

パソコン導入初期にはプリンタで印刷できる文字の字体や大きさが限られていたので、論文の表紙等の大きな文字は、文字の拡大コピーを切り抜いて貼り付けていた。必要な文字部分を切り抜いた残りの紙は屑篭行き、というもったいない使い方だったから、コピーは必要最少限

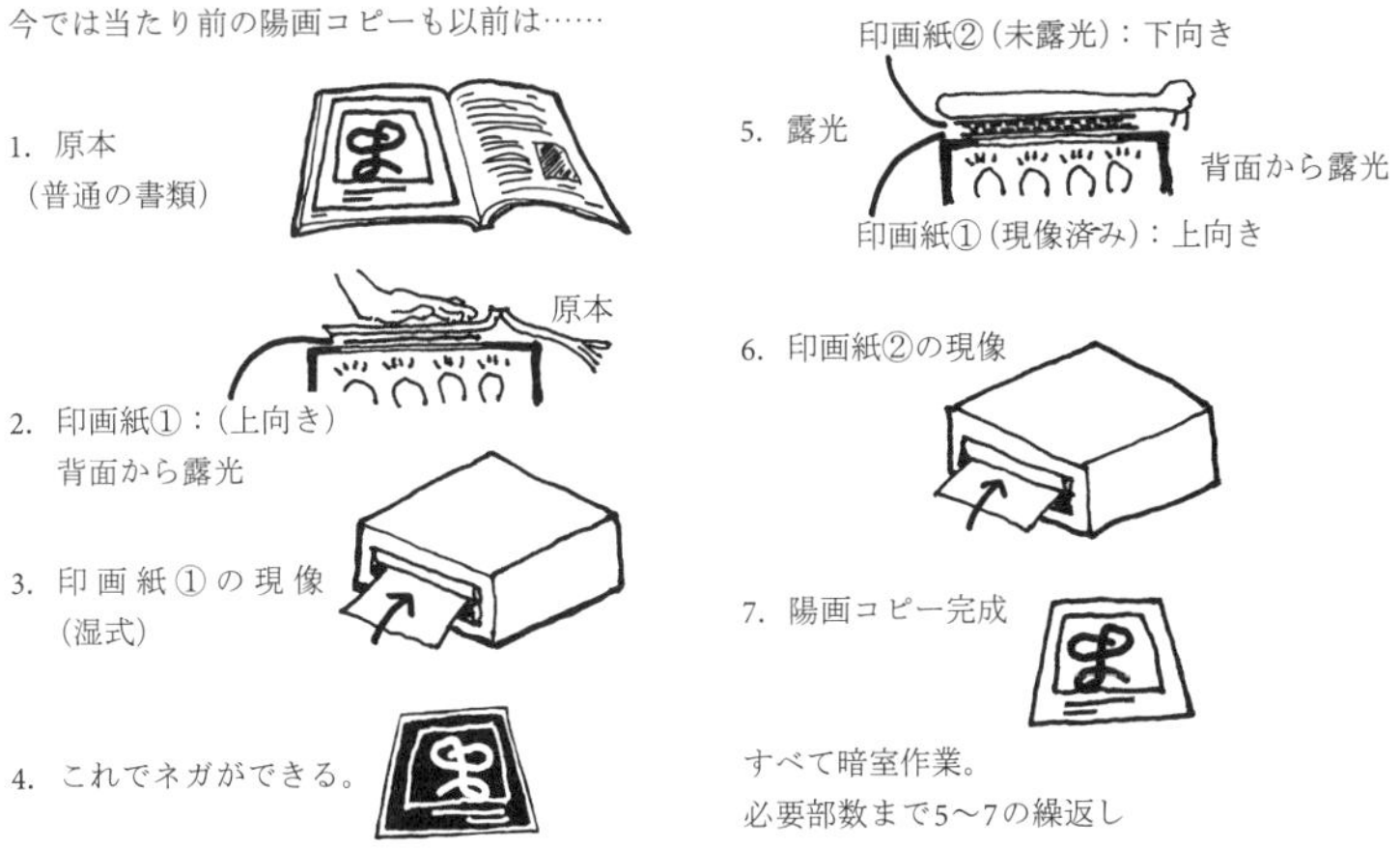
今では当たり前の陽画コピーも以前は……
1. 原本
（普通の書類）
原本
2. 印画紙①：（上向き）
背面から露光
3. 印画紙①の現像
（湿式）
4. これでネガができる。
5. 露光
印画紙②（未露光）：下向き
背面から露光
印画紙①（現像済み）：上向き
6. 印画紙②の現像
7. 陽画コピー完成
すべて暗室作業。
必要部数まで5～7の繰返し

PPC複写機以前の陽画コピー

に留めよ、と常々注意していたものである。

現在ではコピー機も高性能で安価なものになっており、当時の状況とは比較にならない便利さが当たり前のものになった。たしかに、便利なものは大いに活用すべきだが、簡単に使えるからといって、無駄なコピーを取らぬよう心掛けたい。

インクは高いぞ要注意

現在では大学の研究室でもそれぞれ専用の大型コピー機を置くケースが増えてきただけでなく、自宅の小型のプリンタでも、コピーや画像のスキャンなどいろいろなデータ加工が可能という、ひと昔前と比べたら夢のような環境になった。しかし自宅のプリンタでコピーができるからといってもインク代は馬鹿にならない。便利になったとはいえ、無駄なコピーを取らぬ注意が常に必要であることは言うまでもない。

050

ケチケチせずにコピー取れ

無駄なコピーは避けるべきなのは当然だが、一方で必要なコピーはしっかり取っておくほうが作業効率は上がる。会議の議題書や資料についても、人数分の資料を準備するのは当然であり、それがなくては議事進行に支障をきたす。０３４（資料は必ず控えのコピー）で述べたとおり、大事な資料は原本は使わず、作業用にはコピーを使う。また、過去の論文を長い期間にわたって使用するような場合は、ワーク用の仮綴じを作るべきである。

ペーパーレスは正解ならず

会議の配布資料はページ数×人数分が必要であり、紙の枚数は馬鹿にならない。資料の配布を映写で代用する（ペーパーレスの）方式もあるが、後で気づいた疑問点の確認が困難であるなどの問題があり、承認手続きだけの会議になってしまう恐れがある。筆者が出ていた委員会でも、資料配布を省いて映写で済ませる試みがあったが、やはり紙で配ったほうが確実という面は否定できず、次回の会議で元のスタイルに戻っている。今後の動向は想像範囲外だが、多

類似標語　034「資料は必ず控えのコピー」

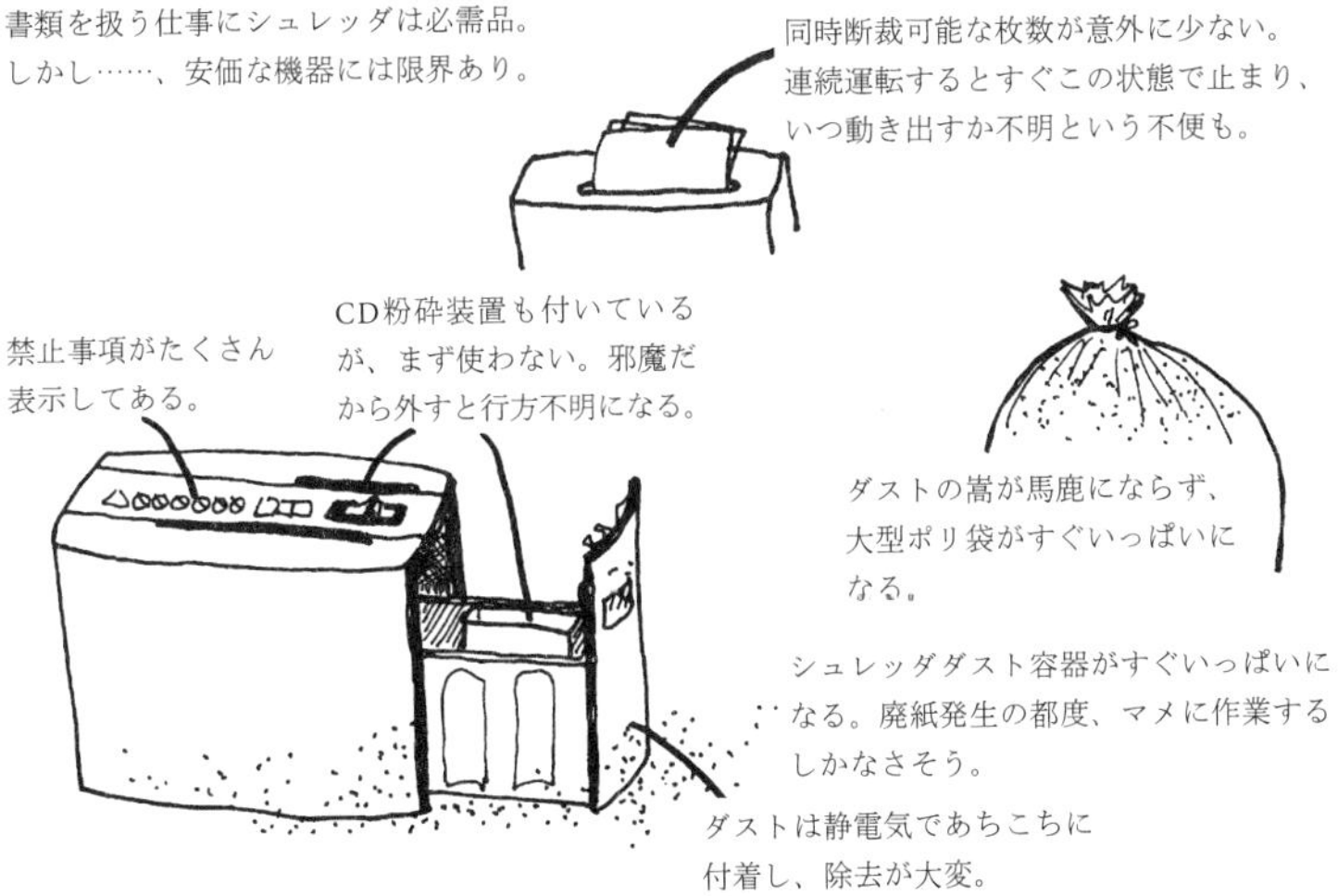

家庭用シュレッダの問題点

量のコピーを配布し、会議終了後は不要な書類をシュレッダや溶解処理にかける方式は、当面は続くのではないだろうか。

会議資料は扱い注意

ルーチン化した内容の定例会議では、配布資料をいちいち持ち帰ってもたいした情報はなく、処分に困るだけだから、たとえば議題書と前回議事録以外は会議室に置いて帰る委員も見掛ける。筆者は記憶に頼らない習慣なので（記憶力が劣化した、ともいう）、ひとまず資料は持ち帰って、必要なものだけスキャンした後シュレッダにかける方法を採っている。なお家庭用のシュレッダは、多量の紙を処理する用途にはまったく向いておらず、連続使用すると発熱ですぐに止まってしまうから、不要な紙は溜めずにこまめに断裁しなければならない。

051

入力作業は無精せよ

決まり文句など、同じ文字列を繰り返し書くことは多い。同じ文言を何度もキー入力するのは、無駄だけでなく間違いのもとである。こうした場合、入力済みの箇所から必要な文字をコピーするのだが、間違った文言をそのまま貼り付けないよう注意し、修正すべき箇所はただちに修正して、以後は旧版をコピーしないなどの緻密な対応が必要である。

辞書登録はこまめにしよう

分野によってそれぞれ専門用語がある。特殊な用語は市販のソフトにはないから、よく使う用語は辞書登録し、使用頻度の高い語彙は短縮形でも登録しておくと便利である。

ショートカットに精通しよう

コピー・アンド・ペーストにはマウスを使う場合が多いが、多くの文字操作はキーボードだ

マウスで文字列操作する場合、持ち替えるか、手が3本必要
ついついマウスに手がいくが、マウスでするより位置が正確。マウスに持ち替える必要なし。
キーでできる作業はキーでする習慣を。
Windowsの場合：文字列選択＝Shift押したまま矢印
切取り＝Alt＋E、T
コピー＝Alt＋E、C
貼付け＝Alt＋E、P

文字列コピーはキーボード

けでも可能である。いちいちマウスに持ち替えるのは面倒であり、アナログ的な範囲指定によるミスを避けるためにも、キー操作のほうが確実である。コピー・アンド・ペースト（文字列の選択、切取りまたはコピー、貼付けまたは挿入など）の操作はキーだけで可能であり、慣れればマウスより圧倒的に能率が良いから、操作方法はさっさと覚えてしまうとよい。

人間の手は2本だけ

操作内容や機種によってはどうしてもマウスが必要な場合があり、書類をめくりながらの文字入力では手が3本欲しくなる。そんな場合に「文鎮」はきわめて有用であり、開いたページを文鎮で押さえておけば手は自由になる。手描き図面が絶滅危惧状態で、製図用文鎮も一般的なグッズではなくなった感があるが、文鎮はデスクの必需品として大いに活用しよう。

052

メールの履歴はほどほどに

返信メールに、送ったメールに書いてあった質問の回答だけが書いてあるのでは、何に対する返信なのかが咄嗟《とっさ》にはわからない。そのため、タイトルは受信メールのタイトルに「Re:」を付け、前のメールの引用を表示する返信が一般的である。しかし何度もやり取りした履歴が延々と付いた長大なメールが来ることが多い。下のほうにある（＞＞＞＞だらけの）履歴は読まない（あることにすら気づかない）ことが多いから、まったくの無駄である。履歴を付けるのが一概《いちがい》に悪いわけではないが、必要な箇所だけ引用してスリム化するぐらいの手間は掛けたほうがよい。

メールのタイトル簡潔に、について

会議の長ったらしい正式名称をそのまま表題にしたメールが少なくないが、最後まで読まないと何に関するメールかわからず困ることがある。メールのタイトルは簡潔で内容を端的に表すものにすべきである。しかし事務連絡メールの表題には、決まり文句のように「について」

メールの履歴が延々とぶら下がった極端な例も。
一斉メールの送付アドレスを使うために無関係な表題になっている横着な例もある。

（下記中、[斜字体] は説明用の注記）

```
差出人:Nabe
送信日時:2018 年 4 月 14 日 17:59
宛先:Mr.Hero
件名:Re: Re: Re: Re: Re: 先日の資料につい
て御礼
さっそくのメール有り難うございます。やっ
と当方の求めているものが………
（以下、新たに書き加えた文言が続く）
（長ったらしいから、以下省略）
********
  Nabe
********

> ------Original Message------
> From:  Mr.Hero
> Sent:  Thursday,April 12,2018 9:51AM
> To:    Nabe
> Subject: Re: Re: Re: 先日の資料について
> いろいろありがとうございました。おかげさ
> ま        （＞の字が増えて行からはみ出す）
> で何とか全容が把握できたような気がする、
> よ              （行からはみ出す、以下同様）
> うな印象、って感じです。………
>   （１つ前のメール＝２つ前のメールの返事）
>                         （長ったらしいから略）
> ++++++
>  Hero
> ++++++
>
>> ------Original Message------
>> 差出人:Nabe
>> 送信日時:2018 年 4 月 11 日 17:59
>> 宛先:Mr.Hero
>> 件名:  Re: Re: Re: 先日の資料について
>> すみません。もうこの件については、何度
> も
>> お     （返信ごとにはみ出す字数が増える）
>> 返事・ご説明したとおりです。また同じ説
> 明
>> をし
>> ても、もはや……   （まだまだ続くが、略）
>> ********
>>   Nabe
>> ********
>>
>>> ------Original Message------
>>> From:          Mr.Hero
>>> Sent:          Tuesday, April 10, 2010
>>> 9:51 AM  （タブの位置がずれて間が空く）
>>> To:  Nabe
>>> Subject: Re: Re: Re: Re: 先日の資料に
> つ
>> い
>>> て           （はみ出す字数が順に増える）
>>> おかげさまでほぼ全容が分かったのです
> が、
>> ま
>>> だ
>>> 一部について不明な点がありますので…
>>>        （さらにもう１つ前のメールの内容）
>>>                     （長ったらしいから略）
>>>
>>> ++++++
>>>  Hero
>>> ++++++
>>>> ------Original Message------
>>>> 差出人:Nabe
>>>> 送信日時:2018 年 4 月 8 日 16:22
>>>> 宛先:Mr.Hero
>>>> 件名:Re: Re: 先日の資料について
>>>> いろいろお手数をお掛けしました。修正
> 版
>> に
>>> さ
>>>> ら
>>>> にもう１つ前のメールの内容を含のため
> に
>> 添
>>> 付
>>>> し
>>>> ました。     （もう面倒だから以下省略）
>>>> ********
>>>>   Nabe
>>>> ********
```

たしかに経緯は残るが、メールは順次長くなる。
最後（時間的には最初）まで読むことはまずない。

メールの履歴はほどほどに

が付いている例が、なぜか多い。「（延々と長い正式の名称）の申請書について」などという表題は、「申請書のタイトルや書式がおかしいから直せ」という意見ならともかく、単に申請書を送るだけなら「について」はまったく不要である。

送信前にタイトル見直せ

複数の人に同時送信する際はアドレスをいちいち入力する面倒を避けるため、同じ集合宛てのメールに上書きするのが一般的であり、合理的な手順である。しかし当該案件に無縁の人に送ったり、別のタイトルのまま、時には別件の履歴まで付いたメールが来る不精さには呆れる。内容と関係のないタイトルでは受けたほうが面食らい、時には守秘問題もあろう。メーリングリストの間違いは送信者にはわかっているはずなのに、同じリストが延々使われ続けるのも許せない。

書式は早めに決めておけ

文書の作成にパソコンを使うようになったおかげで、手書きの時代とは比べものにならないほど書式の変更は容易になった。したがって、文章を書いてから最後に指定書式に変更すればよい、……と言いたいところだが、図表を含む文書の場合、書式変更が面倒なこともある。おおまかな字数や図表サイズが固まってきたら、書式やレイアウトを早めに決めておくほうが安心である。書籍や雑誌の記事であれば、誌面構成に編集スタッフの助力が期待できるが、だからといってページに収まらない字数の原稿を書くべきではない。文字数だけでなくレイアウトも意識して原稿を書くことが望ましい。

書式は最初から本番用

下書き段階ではさほど厳密に書式にこだわる必要はないといっても、いずれ最終の書式に直すことになるのだから、なるべく早い段階で最終的な書式を固め、あるいは指定の書式（決して合理的とはいえない書式に苛々《いらいら》させられることもあるが）に合わせて、レイアウトを決める

類似標語　023「議題書なしで会議をするな」　038「タイトル、日付、サインとページ」
042「シートの書式はシステム化」

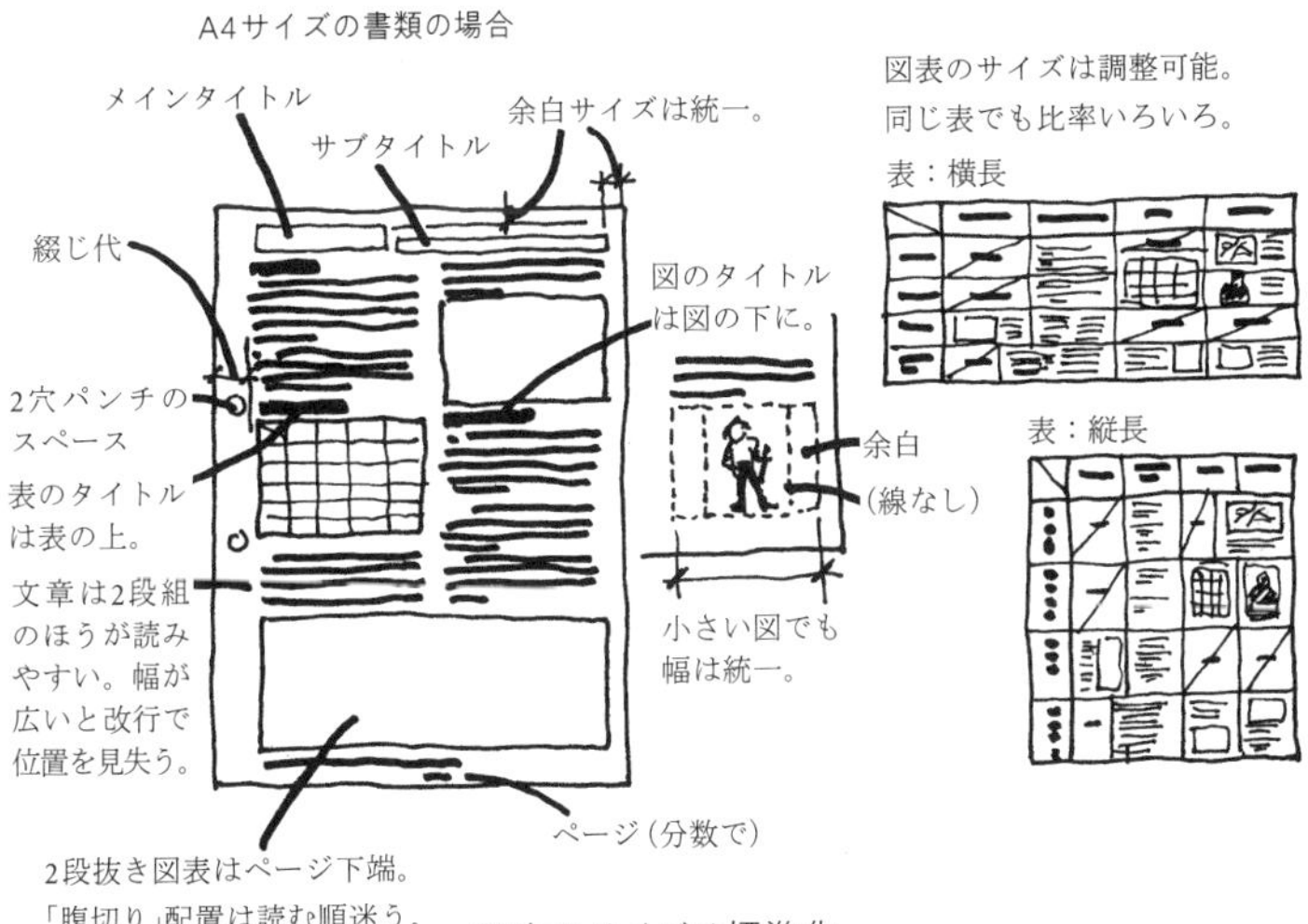

図表のサイズは標準化

ようにしたい。後でまとめて書式を直すつもりでいても書式の変更には案外手間取ることがあるから、早めに最終形の書式で文書を作っておくとよい。

図表のサイズは標準化

早めに目次を決めておくのは当然として、表やページのレイアウトは、あらかじめ標準の書式を何種類か決めておくとよいことは、042でも述べたとおりである。

たとえば表の場合、項目数がそれぞれのケースで異なっても、表全体の幅寸法は何種類かに統一しておくと、レイアウトはずっと楽になる。専門分野や所属企業・団体によって、文書の内容や形式はある程度限定されることが多いから、あらかじめ標準書式を決めておくことは、さほど難しいことではないであろう。

054

めくらなくても中身がわかる

欲しい情報が文献や資料のどこにあるのかがわからない場合、すべてのページをめくって順に探していくのでは、あまりに非効率である。しかし中途半端に記憶に頼ってめぼしを付けて(ヤマを張って、ともいう)探すと、予想範囲には見つからず、結局最初から順に見たほうが早かった、と後悔することもある。そもそも人間はコンピュータとは違って、端から順に全部チェックしていくような作業には向いていない。ページを全部めくらなくて済むように、自分用の目次を工夫したり、適切なインデックスを付けておくなどの工夫をするとよい。

情報にはインデックス

法規集や受験参考書は、自分で工夫したラベルを貼って引きやすく工夫したものである。書式や方法を自分で工夫するのが楽しいのだが、昨今では見出しラベルが既製品になったものまである。なお、貼った付箋は、作業後は必ず除去しておく(019参照)。貼ったままのラベルは粘着剤が書類を傷めるが、作業中の可能性があれば勝手に剥がすわけにはいかない。

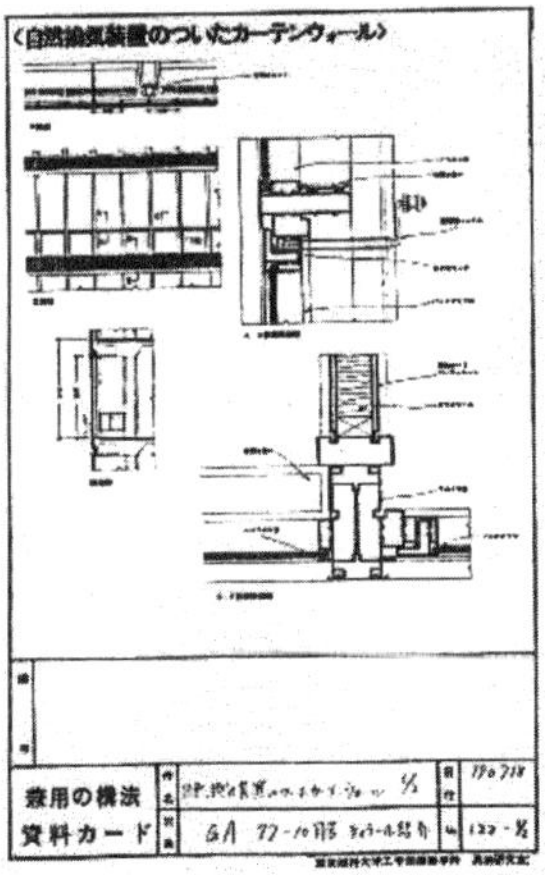

必要な整理はするが、なるべく手間を掛けない。資料カードの表題部分が端部（耳）に来る配置にしておく。

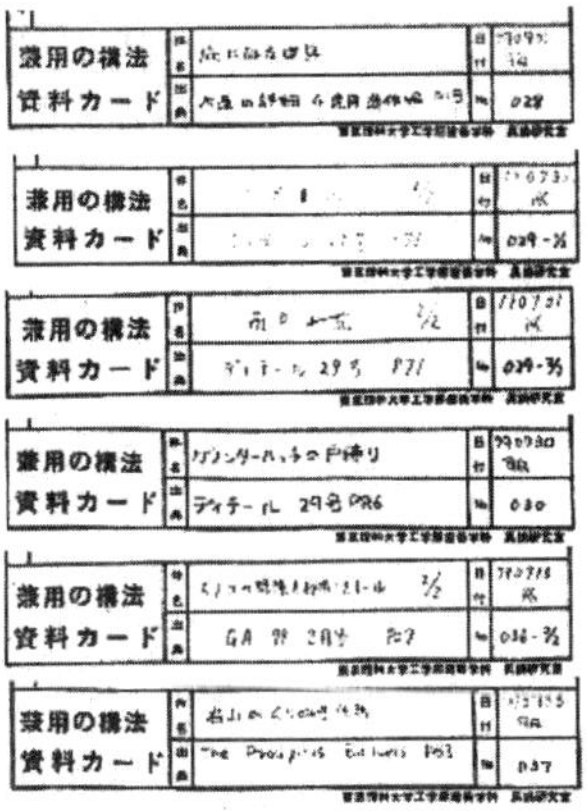

表題欄が見えるようにずらしてそのままコピーしておけば、目次の代用になる。

別標語:「ずらしたコピーで一覧表」

カードの耳は見出し用

カードの耳は見出し用

現在では資料の整理はカード化よりパソコンによるデータベース化が一般的だが、それ以前の時代に使っていた資料カードの書式に関する手法に「簡易一覧表」の工夫があった。見出しになる項目を資料カードの端部に配置しておき、カードをずらして重ねてコピーを取れば、略式の一覧リストができる。この手法はなかなか便利なのでよく使っていたものだが、これも今や昔話になってしまった。

データ管理にパソコン使用が前提になったとはいえ、データベースの書式も同様のセンスの有無で効率は大いに異なってくる。エクセルで一覧表を作る場合なども、項目の配置の些細な工夫が効率向上につながると、仕事も楽しくなる。

055

書式決めるにも省力化

集めた資料はばらばらのコピーのままではなく、一定の書式の資料カードにまとめておく。書式が揃っていれば作業効率が良い。各プロジェクト専用の資料カードを印刷しておいて、集めた資料を切り貼りする方法は、パソコン主体になる前は標準的な手法であった。しかし指定の書式にとらわれて、わざわざ見にくい縮小コピーを切り貼りするという無意味な作業をする者もいた。縮小コピーで内容が判読できないのでは、資料として役に立たない。

書式決めるには頭を使え

作業ルールを決めると、本来の目的から離れて形式化する恐れがある。責任回避や思考停止で在来方式を継承(盲従ともいう)するのではなく、目的に合った手順を見極める臨機応変さを常に持っていたい。資料カードについても、いちいち既定の書式に貼り込む作業を省いて、一定サイズの紙にコピーして資料番号や出典を決まった位置に記入しておく、という簡略書式で十分役に立つ。

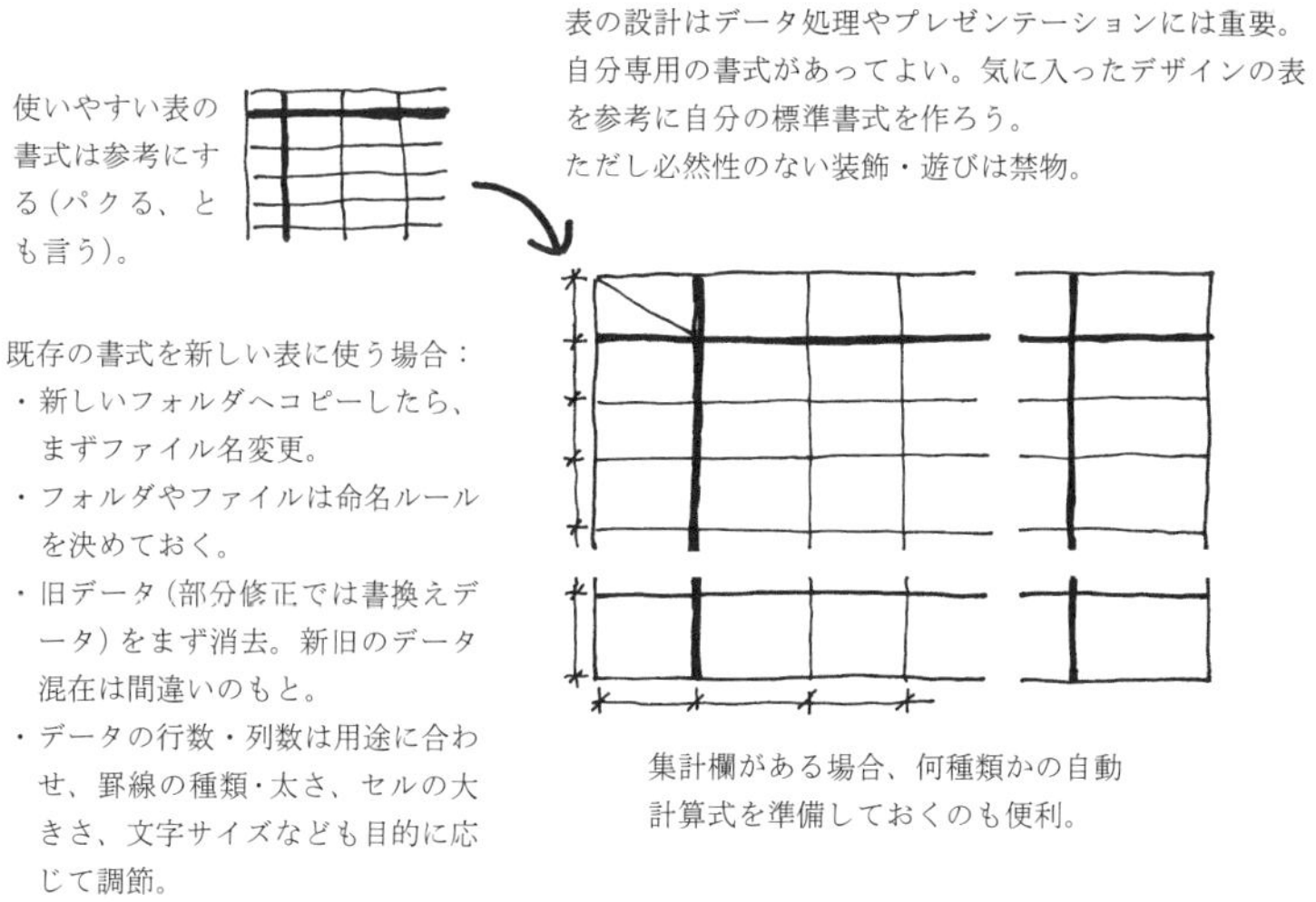
使いやすい表の書式は参考にする（パクる、とも言う）。
表の設計はデータ処理やプレゼンテーションには重要。自分専用の書式があってよい。気に入ったデザインの表を参考に自分の標準書式を作ろう。ただし必然性のない装飾・遊びは禁物。
既存の書式を新しい表に使う場合：
・新しいフォルダへコピーしたら、まずファイル名変更。
・フォルダやファイルは命名ルールを決めておく。
・旧データ（部分修正では書換えデータ）をまず消去。新旧のデータ混在は間違いのもと。
・データの行数・列数は用途に合わせ、罫線の種類・太さ、セルの大きさ、文字サイズなども目的に応じて調節。
集計欄がある場合、何種類かの自動計算式を準備しておくのも便利。

標準書式を作っておこう

昨今では誌名・記事名・年月号などを各ページに表示した出版物が増えてきており、そのままコピーするだけで資料として用が足りるようになったのは助かる。これは資料価値のあるすべての雑誌で実施してほしい。

楽する工夫を惜しむなかれ

以前から決まっている手順を意味もわからず踏襲するのでは、時に無駄や非効率につながる。作業合理化の努力は常に惜しむべきではない。学生時代に、指示された手順を自分の工夫で合理化して作業していたら、先輩に「ずるい」と言われたことがあるが、これは精神主義・権威主義・形式主義であって、作業の効率化にはつながらない。いかに合理的に作業をするかについて、常に頭を働かせているのは、楽しいことではないか。

仕事に飽きたら別作業

同じ仕事を長時間続けるのは苦痛である。パターンの異なる仕事を適度に混ぜたほうが、仕事の能率は良くなる。特に頭でものを考える作業の場合、そうそう長い時間集中できるわけではないから、単純作業を混ぜるのも気分転換になって良い。単純作業は、時間に比例した成果が目に見えるため達成感が得やすい上に、思考作業とは頭の使う場所が違うようである。それに、これが実は重要なことなのだが、一見頭を使わないように見える、すでにパターンが決まりきったような単純作業にも、まだまだ能率を上げるための工夫の余地があり、それに頭を使うのもまた良い刺激になって、楽しいものである。

作業に飽きたらメモ用紙

コピーやプリントアウトで無駄な紙が多量に発生するが、機密保持の必要があるもの以外は、裏紙として有効利用しよう。裏紙をメモ用紙に使う場合、適当な大きさに切るだけでなく、簡易製本しておくと、見た目も使い勝手も良い。なお、裏紙を元のサイズのまま使う場合は、裏

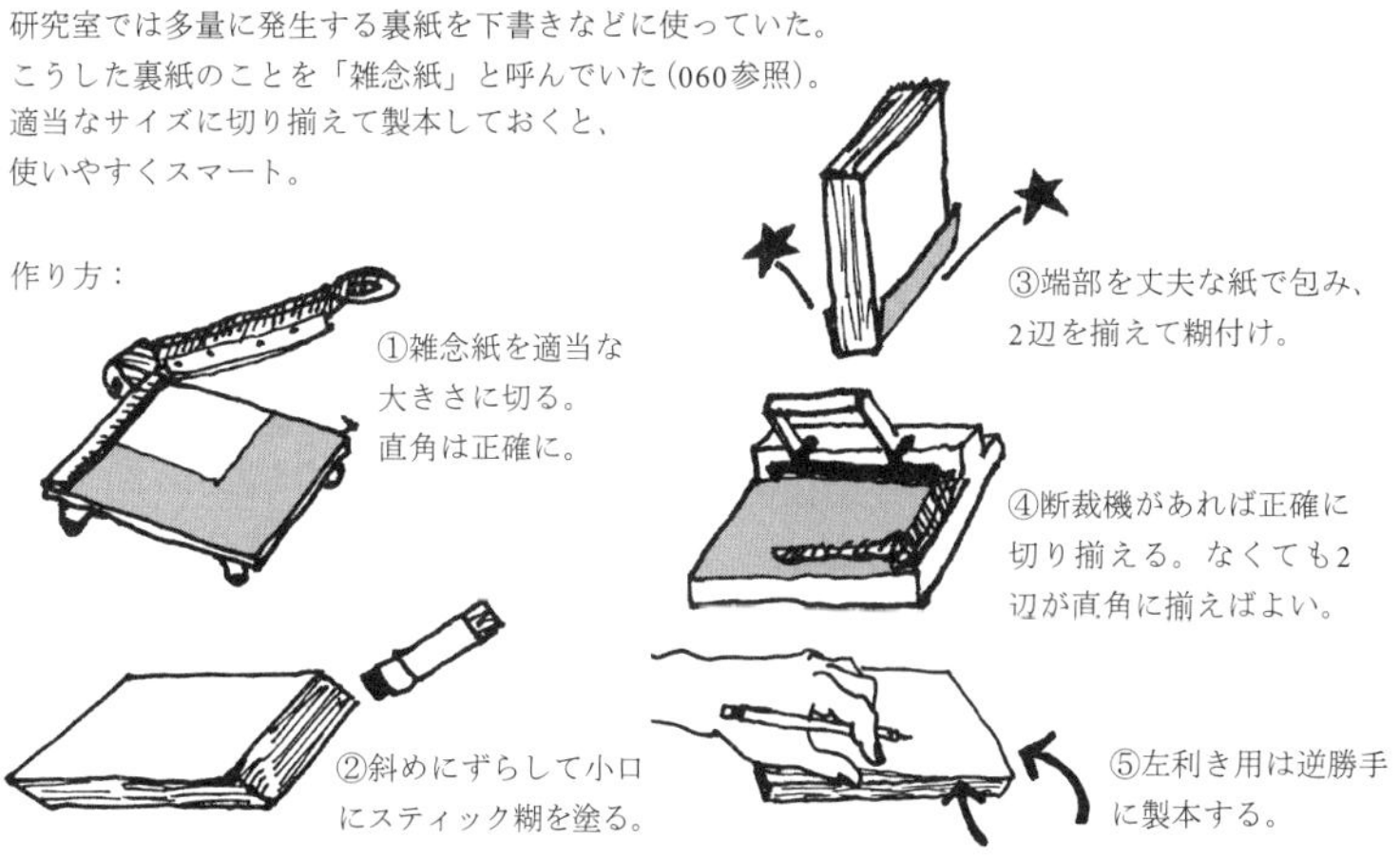
研究室では多量に発生する裏紙を下書きなどに使っていた。
こうした裏紙のことを「雑念紙」と呼んでいた（060参照）。
適当なサイズに切り揃えて製本しておくと、
使いやすくスマート。
作り方：
①雑念紙を適当な大きさに切る。直角は正確に。
②斜めにずらして小口にスティック糊を塗る。
③端部を丈夫な紙で包み、2辺を揃えて糊付け。
④断裁機があれば正確に切り揃える。なくても2辺が直角に揃えばよい。
⑤左利き用は逆勝手に製本する。

作業に飽きたらメモ用紙

面に大きく「×」を書いておかないと、コピーを依頼した場合に両面ともコピーされ、さらに無駄な紙が発生することになる。

眠くなったら皿洗い

気分転換には食器洗いも良い。手先を濡らす刺激の効果もあるが、手順が決まっている単純作業とはいえ、改善の余地が見つかることもある。食器のサイズや汚れ方に応じた洗う順序、最少限の洗剤で完璧に洗浄するコツ、水切り籠への置き方の工夫で速く乾く方法など、まだまだ頭を使う余地があり、脳の刺激になる。

別の標語「茶碗は飲んだらすぐ洗え」（013参照）は、「食器を流しに放置するな→懸案事項は溜めておかずにさっさと片付けよ」という意味だが、手近な単純労働が「適度に」溜まっている状態には、こうしたメリットもある。

コピー用紙はケチケチしよう

（紙は裏まで徹底活用）

事務のペーパーレス化が進み、会議資料は紙ではなくPC画面表示も使われるが、紙の使用は皆無にはなるまい。しかしコピーした書類がすべて保存されるわけではなく、会議の配布資料は会議後は不要になるものも少なくない。無駄な紙の消費は避けるべきだが、不要な紙には再利用という道もある。たとえば裏面が空白の書類は、下書き段階には十分役に立つ。ケチくさいと言わず積極的に利用してから捨てよう。ただし情報セキュリティー上の問題がない場合に限ることは言うまでもない。

第七章

文章の書き方

日本語の文章の書き方については、留意事項が多々ある。さまざまな参考書があるから今さらの感が無きにしもあらずだが、いくつかの項目に絞って書いておく。

昨今の日本語作文の乱れにはかなり問題があり、明らかに誤った解釈や表記方法などが標準となっている例も多い。言葉は時代とともに変化していくのは当然だが、本来の意味からかけ離れた(誤った)意味に使うのには、どうしてもなじめない。正しく美しい日本語を書くことを意識しよう。

ところで昨今では、スマホ等の影響があるかどうかはさておき(って、あるに決まっているのだが)、ちょっと長い文章が、書けないだけでなく読んでも理解できない者が増えてきたのは、由々しき問題である。

並列語句は形を揃えよ

同じことを表現するにもいろいろな言い方があるが、論文等を書く際には、全編で統一的な表現にすべきであり、文体や用語などには一貫性を持たせる必要がある。組織全体で書式・文体・言い回しなどの標準雛型を決めておくとよい。研究室で論文やスライド等を作る際には先輩の成果物を参考にすることが多いので、こうした注意事項は自然に継承されていた面もあるが、かえって意識されていなかったかもしれない。

正しい内容が論理的に書いてあれば、見出しや文体などは二の次で、書き手の好みで決めてよい、とする考えもあろう。しかし論文などの客観的文書については、同じ人や組織が作成する文書に異なるスタイルが混在したのでは、ちぐはぐな印象になる。

たとえば、「ある原理を適用する」という文章の表題には、

1　原理Ⅰ：〇〇〇を適用する。　（用言止め：文章だから「。」が付く）

2　原理Ⅱ：〇〇〇〇の適用　（体言止め：名詞句には「。」は付かない）

といった複数の表現がある。こうした項目（たとえば見出し、標題など）を列挙する場合には、どちらかのスタイルに統一すべきであり、異なる文体が混在してはならない。

類似標語　039「書類はすべて箇条書き」　083「枠に入れれば表になる」

直接話法を濫用するな

前項では、当然ながら筆者の好みは「2」である。話し言葉のように直接話法でだらだら書くと、論理構成が不明確になる。目次や見出しでは無論のことだが、本文の文章も直接話法的にではなく、できれば箇条書きで書くほうが論理的な記述になる。たとえば分類方法に関する見出しは、「○○はどのように分類すればよいか」といった「語りかけ調」の直接話法ではなく、「○○の分類方法」などの体言形式のほうが、論旨がはっきりした表現になる。

並列語句は箇条書き

前述に関連して、項目を列挙する場合も、「○○や△△、あるいは□□などの場合は……である。」のようにだらだらと文章で展開するのではなく、

左記の各場合は……である。

・○○○
・△△△△
・□□□□

のような箇条書きスタイルのほうが、論理構造が明快で論旨が一目瞭然になる。

点とナカグロ区別せよ

列挙する項目の区切りには、一般には読点（、）を使うが、単語の羅列にはナカグロ（・）を使うほうが見やすい。両者の使い分けは、単語の列挙にはナカグロ、接続詞を含む句や文の列挙には読点、を標準とする。このルールでは、ナカグロで区切られた単語群全体がひとまとまりの概念になる。たとえば「本文・挿絵・写真等を……」、「連載の原稿、挿絵の素案について……」など、傍線部が一つのまとまりになる。

しかし前者を「本文、挿絵、写真等を……」と書くと、「本文・挿絵・写真」が（「原稿類」という）一つのまとまりである意味が薄れる。また後者を「連載の原稿・挿絵の素案について……」と書く場合があるが、これでは「原稿・挿絵」が一つのまとまりに見えてしまう。

文章よりも箇条書き

文章中で項目を列挙する場合は、接続詞でつなぐより、読点などの記号を使うほうが視覚的にわかりやすい。「○○や△△や□□は……」よりも「○○・△△・□□は……」、さらにス

○・△・□は……	○ 単語の羅列にはナカグロを使う。
○・○、△・△、□・□は……	○ ナカグロでつないだ語群は一つのまとまりとして扱い、語群同士は読点で区切る。下位のまとまりがわかりやすい。
○、△および□は……	△ 三つ以上の項目を羅列する場合はこれが正規の記述方法らしいが、視覚的には「○・△・□」が同じレベルには見えにくい。下位のまとまりは表せない。
○、△、□は……	△ 単語の羅列としてこれでもよいが、「○、△、□」が同一レベルの語の集合である意味が薄れる。
○と○、△や△、□の□は…… ○○する、△△する、□□するなど……	△ 句の羅列は読点で区切る。ただし同じレベルの並列にしか使えず、下位のまとまりは表せない。
○. ○、△と△、□は……	△ 紛らわしい。単語と句の混在では読点で区切らざるを得ないが、並列関係のレベルが曖昧になる。 対策:句に統一、箇条書きなど。いっそ表にしてしまうほうがすっきりする。
○と○・△と△・□と□は……	× 誤り(区分が不明瞭)。「○と○」を一つのまとまりとして、それを「・」で区切ったつもりだろうが、「○・△」や「△・□」が、それぞれ一つのまとまりのようにも見えてしまう。

点・ナカグロの使い分け(あくまで私論)

ページが許せば箇条書きにしたほうが、類似の概念を同じレベルで列挙していることが、より視覚的に明確になる。文書を添削する場合も、長ったらしい文章を書かれてからでは修正が困難になる。研究室では卒業論文の本文まで箇条書きで書かせていた時代もあるが、これはさすがに一般的ではなく、そのうち元に戻った。

ヴィジュアル目次で全容把握

ある程度以上の量の文書には目次が必要である。大きな文書は目次構成や論理構成を練ってから書くから、目次は自然にできているはずである。また本文の最初に付ける通常の目次のほかに、ヴィジュアルに整理し直した目次(1ページに納まる程度の目次、論理構成図形式等、全体の構成が一目瞭然なもの)を表紙の次や章の最後などに折り込んでおけば、全体を理解しながら読むのに便利である。

文字とマークを混同するな

以前の中日ドラゴンズのユニフォームには、チーム名のロゴマーク(イニシャルのCとDが重なったマーク)に続けて残りの文字だけが書いてあった。しかしロゴマークに埋め込まれた「D」を1文字と読ませるのには無理がある。ほかにも、文字としては読めないロゴだけで、正式の社名が書かれていないポスターなど、本来必要な情報を欠いたデザインを見掛ける。文字は文字としてきちんと扱うべきである。

読めない記号は使わない

記号や略号を使うことによって情報を素早く伝えることができる。しかし紛らわしい記号や発音できない記号、読み方が不明なものや一定しないものでは困る。「電話で伝えることが可能」な、読める記号を使うべきである。

建材等からの有機化合物・ホルムアルデヒド(正しくはフォルムアルデヒド)の発散量にはF☆☆☆☆を並べた記号(上掲参照)があるが、声に出して読めない(ことはないが「エフフォース

F　☆☆☆☆

CとDが重なったものはマークであり、文字としては読めない。「(発音できない記号) ラゴンズ」か、「シーディー・ラゴンズ」としか読めず、アルファベットとして読むには無理がある。

以前のドラゴンズのユニフォーム

ちなみに……

この小生のマークは「ま」と読む。

以前は「活字体」もあったが、酢の商標に似ていると不評のため廃止した。

文字とマークを混同するな

ター」などと長ったらしい名の）記号である。

自動電話サービスで「米印《こめじるし》を押して下さい」などと言うが、電話器にあるボタンは「※」（こめじるし）ではなく「✳」（＊：アスタリスクでもなく水平横棒があるスターマーク）である。正式名が一般的ではないための慣用名だが、声に出して読めない記号であるのが間違い。

「CO2」なる記号なし

昨今、二酸化炭素や平方メートルのことを、上掲のように書いた文書が氾濫しており、半ば標準化のような惨状だが、こんな表記方法はない。初期のパソコンはともかく、今では下付・上付文字は簡単に書けるとはいえ、機種やソフトによって互換性が保証されないなど、汎用性が完全ではないのが原因だが、誤った記号を当然のように使っているのは問題である。

二酸化炭素：CO_2 → CO2
平方メートル：m^2 → m2

造語・新語は定義せよ

ある分野で特定の略号・記号が使われることがある。特定の分野だけで交わされる文書なら問題はないが、一般に公表されるものの場合は、記号の意味(解読表)が周知されていなければ意味が通じないから、それでは公表した意味がない。一般に周知されていない記号や略号は、説明・注記なしで使うべきではない。

使わぬ記号は定義するな

論文等では、最初にその論文で使う記号・略号をまとめて定義しておくが、この場合、本文で使っている記号を全部挙げるのは、良いようで良くないこともある。ほとんど使わない記号まで羅列したのでは多すぎて見にくい。希《まれ》にしか使わない、あるいは論文の特定の箇所だけにしか使わない(その箇所が済んだら忘れてしまってよい)記号は、最初にまとめて示すより、その都度それぞれの箇所で注記しておくほうが便利である。

一度しか使わない概念は記号化する必要はなく、まして本文に出てこない略号まで載せるの

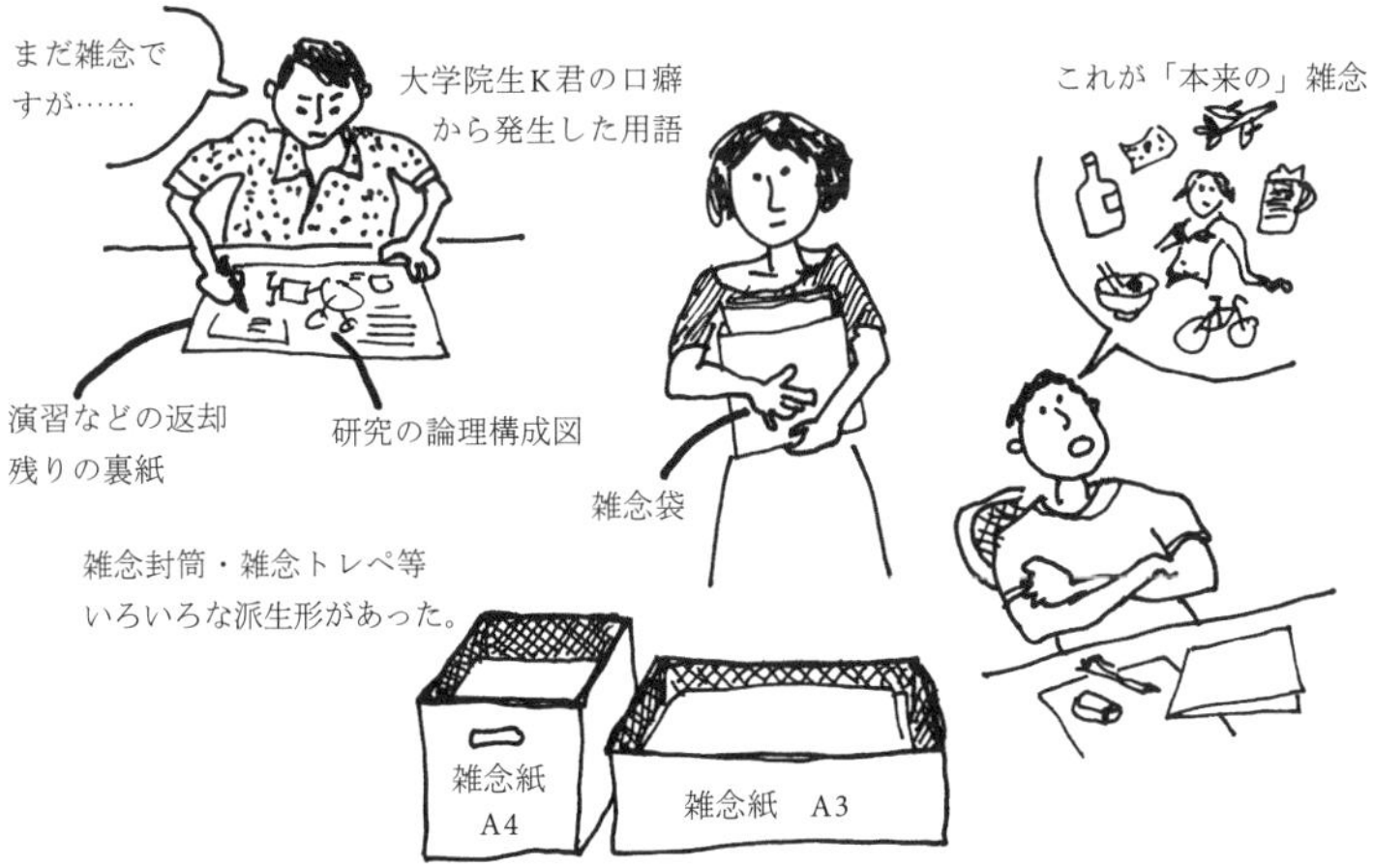

「雑念紙」の語源

は論外。その分野の汎用的な「記号総覧」であれば網羅性が要求されるが、特定の論文の注記は何度も登場する記号だけでよい。

内輪の符牒に要注意

筆者の研究室にも、いろいろな内輪の符牒や記号があった。「雑念紙」（正式書類以前の下書き段階などで使う、いわゆる「裏紙」）、「雑念封筒」（使用済み封筒の再利用、単に「雑念紙」の派生語）、「B会議」（会議の種類で、A：院生以上、B：卒研生以上、C：研究テーマごと、中略で、Z：学生と教師1対1等々、020参照）、「用6もどき」（学科特注のレポート用紙「用6」に似た市販品）などの呼称を当然のように使っていたが、他研究室の学生にはちんぷんかんぷんだっただろう。使う側は面白いが、部外者には不快感を与える恐れがある。

061

鍵と錠、基礎と土台に枠・框《かまち》

建築には専門外の多くの人が日常的に接しているため、建築用語は、他の分野の専門用語と比べると比較的広く使われている。しかし人の話やテレビなどに登場する「建築用語」には、誤ったものが少なくない。誤用が定着してしまうとテレビでもそう言うため、「えせ建築専門用語」がまかり通ってしまう。

たとえば、集合住宅の対立概念である「一戸建て住宅」のことを「一軒家」と言うことが多く、テレビでも当たり前のようにそう言われている。しかし「一軒家」の本来の意味は「周囲に建物がなく孤立して建っている住宅」のことである。建築にかかわる者としては、正しく「一戸建て住宅」または「戸建住宅」と呼ぼう。

皆サムライとは限らない

また「設計者」のことを「設計士」と呼ぶ例も多い。さまざまな資格認定制度があるが、「建築士」という資格はあっても「設計士」に法的な裏付けはない。単に「建物を設計する人」と

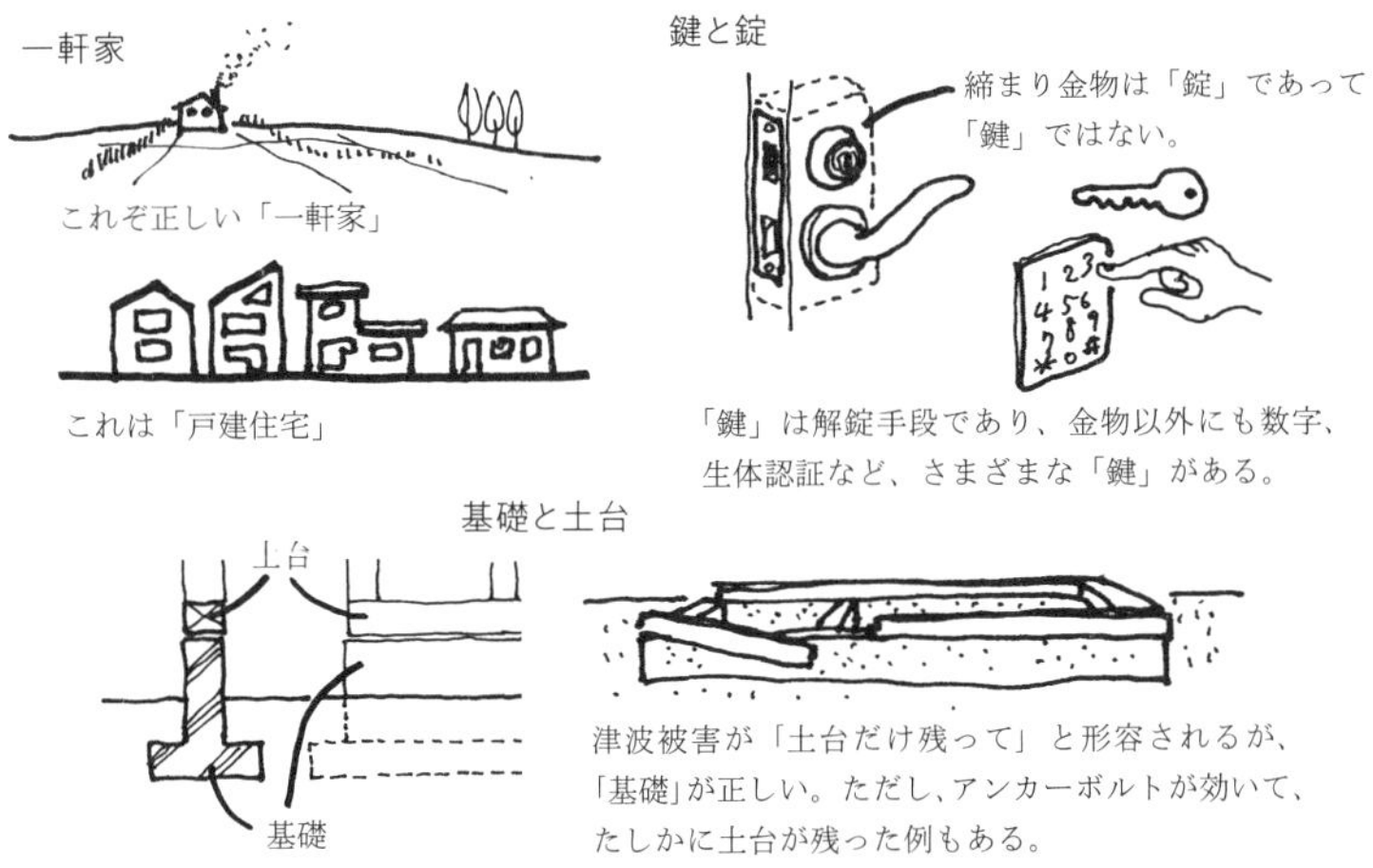
一軒家
これぞ正しい「一軒家」
これは「戸建住宅」
鍵と錠
締まり金物は「錠」であって「鍵」ではない。
「鍵」は解錠手段であり、金物以外にも数字、生体認証など、さまざまな「鍵」がある。
基礎と土台
土台
基礎
津波被害が「土台だけ残って」と形容されるが、「基礎」が正しい。ただし、アンカーボルトが効いて、たしかに土台が残った例もある。

一軒家、基礎と土台に鍵と錠

いう意味なのに、何らかの資格を持つと誤解されるような呼び方をすべきではない。もっとも権威付けのために故意にそう言っているのかもしれないが。

鍵と錠、基礎と土台に枠・框

建築用語には他にも混同や誤用が多い。たとえば「鍵」と「錠」(「錠」は締まり金物、「鍵」はその解錠・施錠の手段および道具)、「基礎」と「土台」(基礎は地盤に接する最下部の構造体、土台は基礎の上に載る横材で主として木造建築用語、ニュースで「土台」と言うのは実際は「基礎」の場合が多い)、「枠」と「框」(建具の周囲の部材名の場合、「枠」は建物の一部、「框」は戸の一部)。建築に携《たずさ》わる者として、誤って使われている言葉に妥協することなく、正しい建築用語を使い、その普及啓蒙に勤《いそ》しむようにしよう。

括弧の中は飛ばし読み

文中で図表番号を引用する場合は、勝手な記号を「気分」で使ってはならない。これに限らず、記号の使い方には、文書全体で（組織全体でも）統一ルールが必要である。

たとえば括弧の使い方にもさまざまな方法があるが、文中の括弧はあくまで注釈・挿入部分であり、文章の流れからは「飛ばして読む」存在になる（ただし内容は正しく理解する）。

図表番号を本文から引用する場合、書式は左記の3種類以外は使わないほうがよい。

1　「○○を表1のように分類した。」……通常の文中の記述

2　「○○を〈表1〉のように分類した。」…〈 〉は括弧ではなく強調記号

3　「○○を分類した（表1）。」……………注釈としての挿入部分

括弧の使い方をいずれかに統一しておけば、文章の構成が乱れることがない。左記のような用例を実際には多く目にするが、いずれも誤りである。

4×「○○を分類した。（表1）」

5×「○○を（表1）のように分類した。」

用例4は括弧が本文から弾き出されて孤立してしまうが、用例3であれば、適用範囲が直前

類似標語　040「書くときは大きく、読むときは小さく」 063「電話の局番、括弧に入れるな」

手書きの記入欄はワープロ文字のサイズでは無理　（破線 ------ 部分：実際には線はない）

① 答え（　　　　円）　狭くて記入困難。「え」は不要。不適切な例だが、よくある。

② 答：　　　　円　手書き欄には十分なスペースが必要

下線や枠で記入スペースを示せば親切

③ 答：　　　　円

④ 答：　　　　円

の文章であることが明確である。用例5も多く目にするが、括弧を強調記号としたつもりの誤用であり、飛ばして読んでは意味が通じない。

　なお図表には必ず付番し、本文では必ずその番号を引用する。また本文には参照・引用のない「迷子図表」があってはならない（類似標語「図表は必ず付番せよ」）。

解答欄は正しくデザイン

　このように、文中の括弧「（　）」は注釈・挿入部分であり、括弧の前後の文は連続し、本文末尾に括弧付きの注記がある場合は、句点「。」は括弧の外に付く（たとえばこのように）。低学年向け解答欄によく見られるが、解答記入欄を括弧（上図①）で指示してはならない。電話の市内局番を括弧内に書いてはならない（063参照）のも同様である。

　手書き文字には、「読めればよい」印刷文字とは違って十分なスペースが必要である。解答欄は手書き文字に適した大きさ（040参照）の矩形スペースが必要だが（上図②）、下線（③）や枠（④）付きにしておくほうが親切で、文字のサイズや配置も揃えやすい。

電話の局番、括弧に入れるな

電話番号記入欄には「(　)」が印刷された書式が多いが、これは「03(37**)47**」のように「市内局番を括弧内に書く」指示であり、この括弧は単なる区切りである。ダイヤルすべき番号を示すのが目的なのだから、省略できる(場合がある)市外局番を括弧内に書くべきであり、常にダイヤルする市内局番には括弧を付けるべきではない。

括弧の種類は少なめに

一言に「括弧」と言ってもさまざまな種類があるが、記号は「気分で」勝手な意味で使うべきではない。たとえば「　」を、『「要求」とは建築に必要な性能水準を意味する。』など、特別な意味を強調する目的で使う場合、他の引用記号(たとえば〃　〃)を「　」とは違う意味で使ったつもりでも、読者にそれは通じない。

別の例で、[　]は、方程式中の変数として文字を書く場合に限って使う。たとえば、[生産用エネルギー評価指標]=[エネルギー原単位]×[数量]÷[耐用年数]など。これら以外の括弧

類似標語　062「括弧の中は飛ばし読み」

電話番号	（　　　）

こういう記入欄がいまだに一般的なのは、ある種の謎

電話番号	03（ 37＊＊ ）47＊＊

こう書かせたいのだろうが、括弧の用法としては不適切

電話番号	（ 0 3 ）37＊＊－47＊＊

だから、意地でもこうやって書いておく

電話番号	（03） 37＊＊－47＊＊

これでもよいが、市内通話で局番を省けるのは固定電話だけ

電話番号	03 －37＊＊－47＊＊

市外局番をあまり意識しない時代だから、これが順当か

電話番号	03－37－＊＊－47－＊＊ 033－7＊＊－47＊＊

市外局番を意識しないなら、区切りは自由。ヨーロッパ方式

電話番号	0337＊＊47＊＊

ベタ書きは昨今よく見掛けるが、人の読み書きには不親切

会員番号	0322374447160025

さらに長い文字列は、人間による読み書きは事実上無理

会員番号	03＊＊-37＊＊-47＊＊-00＊＊

数桁ごとに区切れば、読み書きの意地悪さは改善される

番号記入欄の書式

は、専門分野特有の記号は別として、あまり多種類を使わないほうが確実である。ただし書式が決められている場合は、それぞれのスタイルに従うしかない。

市外局番、なぜ括弧

ある書類に「当○○からダイヤルする番号だけを書くこと」とあったが、固定電話時代にはきわめて合理的な指示であった。不慣れな土地で地元の番号に電話する場合、どこからダイヤルするべきかわからないこともあった（現在は同一料金区域内では局番有無は自由）。局番を括弧に入れるのは手動時代の名残であろう。局番と加入者番号を区切るのは電話局側の論理であり、読みやすければ区切り方は自由である。たとえばパリの凱旋門の電話番号は「01 55 37 ** **」と2桁で区切ってある。昨今では10桁や11桁の電話番号を続けて書く者がいて呆れるが、何かの確認コード「VDGRMY8HFD6D6JR8・・・」にいたっては、もはや目視入力は困難である。

064

改行したら1字下げ

日本語表記ではパラグラフの先頭は「1字下げ」が原則である。改行位置が明確でなければ早読みには不便である。しかし読みやすさよりデザイン重視で四角いブロックが揃わないのを嫌ってか、字下げなしのレイアウトや、章の最初だけは字下げなしの例が増えている。しかしその場合、ページの最初(横書きでは左上端)に表題を置かないレイアウトでは、最初の字下げがないと文章の始まり位置がわからず、前ページを見て確認しなければならないこともある。改行2文字下げなど「凝った」レイアウトも、慣れの問題かもしれないが、やはり読みにくい。あくまで改行1字下げの原則を守るべきである。

改行位置は明示せよ

以前、ある雑誌がデザイン優先で1字下げになっていなかった。行頭を拾って斜め読みするには不便だからと説得しても言うことを聞かないから、段落の最後がすべて「。」のぶら下がりで終わるように字数調整して抵抗した。しかし相手は、巧みに文章を改竄《ざん》して、行末が必ず

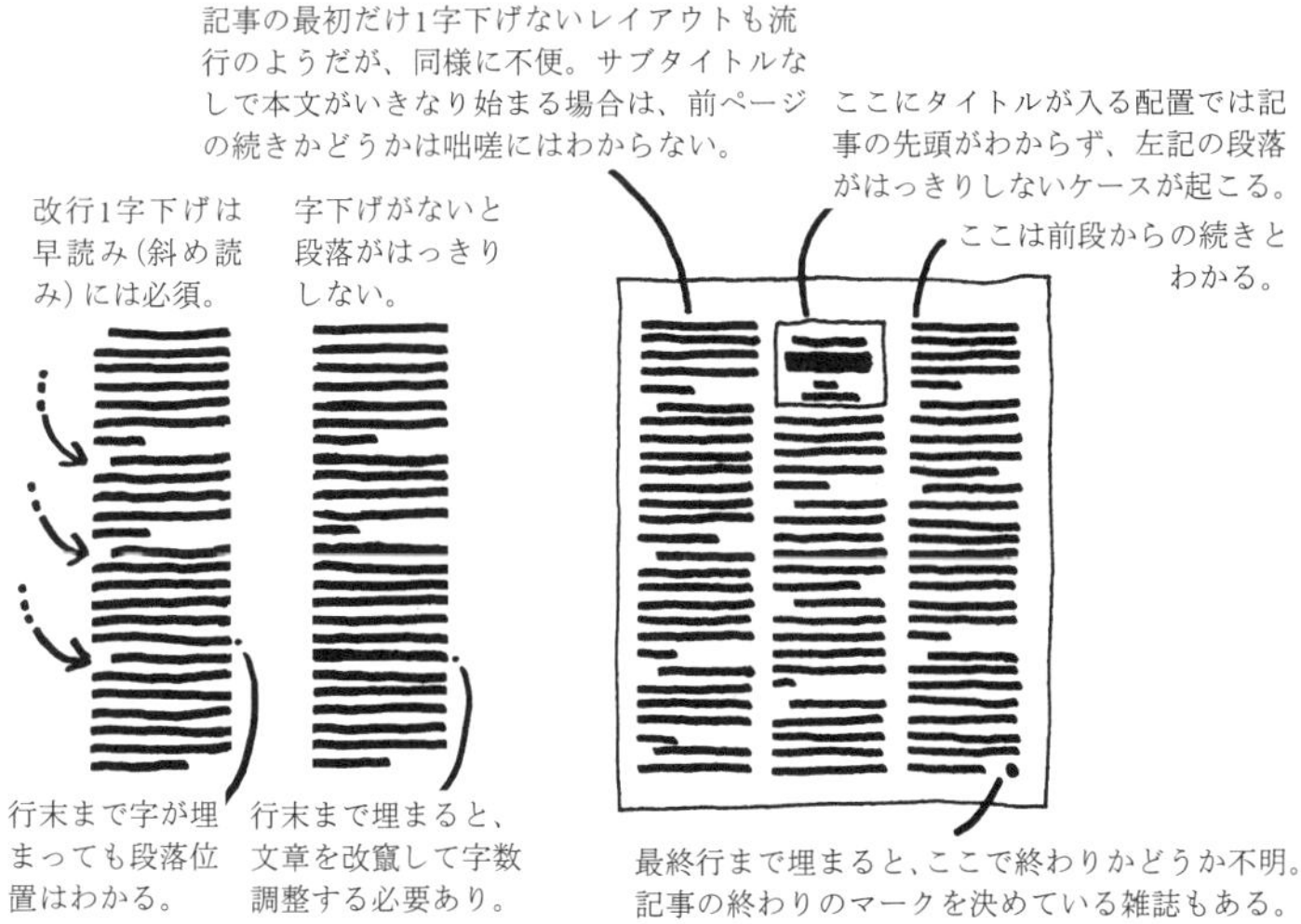

改行したら1字下げ

数文字空くようにして対抗してきた。後に担当者が代わった際に小生の要望は通ったが、改行1字下げのルールはぜひ守ってほしい。

見てくれよりも読みやすさ

昭和20～30年代の新聞はまだ改行1字下げになっていなかったが、書籍では戦前から改行1字下げが採用されており、これが定着している。しかしウェブ上の横書き文字の場合は、パラグラフの頭で1マス空けるより1行空けたほうが読みやすいとする考えもあろう。ただし改行位置で1行空けないのに字下げなし、のレイアウトでは、次の行頭位置がわかりにくい。デザイン優先なのだろうが、やはり不便である。なお、やたら改行だらけ・スペースだらけの「ブログ体」は「文章」としては論外である。

065

点の一つも命懸け

テレビのニュースで、原稿を読む際の区切り（息継ぎ）位置が間違っている場合がある。「逃走している女の、夫を探している。」では、容疑者（女）の足取りを知るために、その夫（参考人）を探すことを意味するが、これを「逃走している、女の夫を探している」と区切って読むと、すでに身柄拘束された女の（共犯者である）夫を探すことになる。点の位置で意味がまったく違ってしまうから、句読点の位置はいい加減では困る。

新聞見出しは真似するな

新聞の見出しやニュース番組では、「〇〇によって△△し（まし）た。」と言うべきところを、「〇〇によって△△。」と、体言（サ変動詞の語幹）で止める文体が定着しているが、これは「文」として完結していない。たとえば「原理によって分類。」ではなく、「原理によって分類した。」という「文」にするか、「原理による分類」のように文ではなく名詞句とするか、どちらかでなければならないが、この区別が曖昧な文章が多いのは気になる。

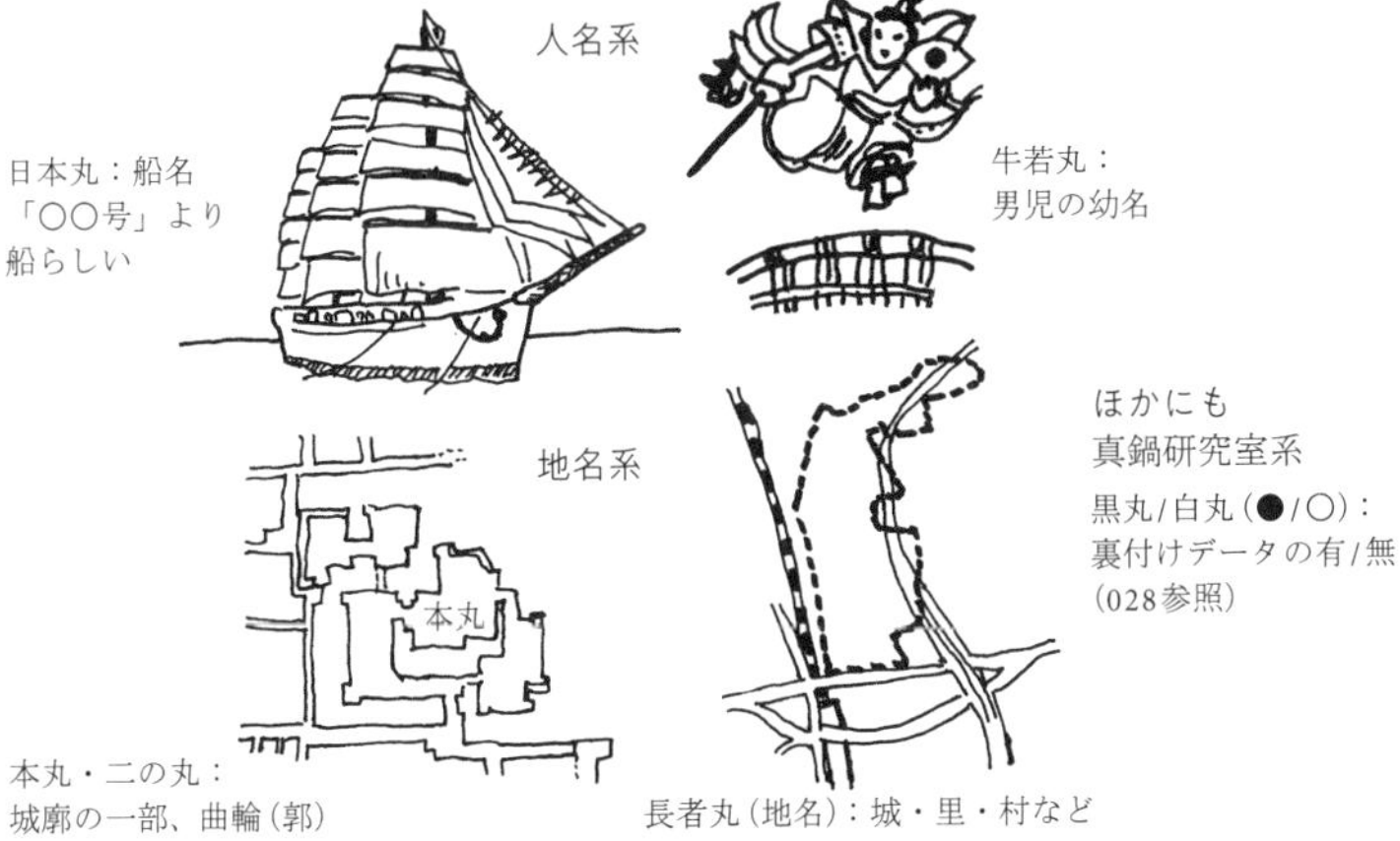
人名系
日本丸：船名
「○○号」より
船らしい
牛若丸：
男児の幼名
地名系
ほかにも
真鍋研究室系
黒丸/白丸（●/○）：
裏付けデータの有/無
（028参照）
本丸
本丸・二の丸：
城廓の一部、曲輪（郭）
長者丸（地名）：城・里・村など

「点の一つも命懸け」の語呂合わせだが、同じ「丸」でもいろいろあって……

「丸」の１字も意味違い

「句」は「文」ではないから「原理による分類。」のような句に「。」は不要である。しかし「原理によって分類」は、「。」の有無にかかわらず誤りである。体言止めの「～による分類」か、文章として「～によって分類した。」の、どちらかでなければならない。

目地1本も命懸け

文章に関する話ではないが、類似の標語について。部材の接合部（目地）は外観や性能に影響するが、性能や施工性より外観重視（あるいは単なる「気分」）で目地を入れると、性能低下やコストアップになることがある。最良のデザインを追究する態度を否定するわけではないが、構法の基本を知らず、単に外観だけを重んずる稚拙な設計は論外である。これは初学者に言うべき話であって、プロの設計者には無縁、と信じたいところ。

「より」と「よって」は区別せよ

似たような言い回しでも、用法が異なるものがある。微妙なニュアンスの違いを無視して混ぜこぜに使うとおかしな文になる。たとえば、「〜により」と「〜によって」、「〜につき」と「〜について」、「〜し」と「〜して」などは、気分で使い分けてはならない。

「原理によって分類した。」は正しいが、「原理により分類した。」では古風であり、尻すぼみの違和感がある。「原理により、分類した。」や「原理によって、分類した。」では「、」の後が軽すぎて落ち着かない。「〜により」は「原理により、対象範囲を分類した」など、挿入句がある場合に使う。一方「〜によって」は、「原理によって分類した」・「原理によって体系的に分類した」のどちらでも違和感はない。

「なり」と「たり」とは区別せよ

昨今ではＮＨＫのアナウンサーまで「意外と」などと言うが、耳障りである。これは「意外に」が正しい。文法上の正式な説明はさておき、筆者は以下のように理解している。

より	×	～の原理により分類した。	尻切れ
	×	～の原理により、分類した。	「、」の後が軽い
	△	～の原理により体系的に分類した。	やや古風
	○	～の原理により、体系的に分類した。	標準的
よって	○	～の原理によって分類した。	標準的
	×	～の原理によって、分類した。	「、」の後が軽い
	○	～の原理によって体系的に分類した。	標準的
	○	～の原理によって、体系的に分類した。	長い→切るもよし

偶然（なり・に）　～である	事実	○	偶然に～	×	偶然と～
		○	偶然である。	×	偶然としている。
泰然（たり・と）　～としている	様子	×	泰然に～	○	泰然と～
		×	泰然である。	○	泰然としている。

「より」と「よって」に「なり」と「たり」

A　「〜なり」は、「〜である」と同じく「事実を述べる」語であり、「〜に」に活用する。「偶然に」・「偶然である」と言うが「偶然と」・「偶然としている」とは言わない。

B　「〜たり」は、「〜としている」など「様子を表す」語であり、「〜と」に活用する。「泰然としている」と言うが、「泰然に」・「泰然である」とは言わない。

さて「意外」についてだが、これは上記Aタイプの「意外である」であって「意外としている」などとは言わない。したがって「意外と」は間違いであり、「意外に」が正しい、というのが単純明快な結論である。

「言葉は生きている」のだから、時代とともに変わっていくのは当然で、皆がそう言っているからそれが正しい、との考えもあろう。しかし論理的な矛盾を敢《あ》えて無視する気にはならない。これは、筆者のこだわりすぎだろうか。

067

つなぐ・つながる・つなげない

今やNHKでもそう言うようになって、もはや完全公認状態だがそれでも気になる日本語に、「つなげる」がある。動詞には、本来自動詞であるものと、本来他動詞であるものとがあり、前者を他動詞に変換し、後者を自動詞に変換する語尾変化が、それぞれある。

他動詞から自動詞への変化として、たとえば他動詞「つなぐ」の自動詞化は「つながる」。同種の例として「受ける」→「受かる」、「切る」→「切れる」、「解く」→「解ける」などがある。

「～（え）る」語尾にすれば他動詞に

逆に自動詞から他動詞への変化としては、「和（やわ）らぐ」→「和らげる」、「傾く」→「傾ける」、「泣く」→「泣かせる」などがある。

さて「つなげる」の問題点だが、「つなぐ」は他動詞なのだから、自動詞化「つながる」はあっても、わざわざ二重に他動詞化する必要はない。だから「つなげる」は誤用であり、むし

二重に「させ」たら文法間違い

ろ可能（つなぐことができる）を意味してしまう。

なぜ生まれたのか「ゲル言葉」

では、なぜNHKまでがこんな言葉を使うのか。それは、「つなぐ」と言い切ると、話し手の意志が明確すぎるからではないだろうか。「つなげる」と言えば「自分の意志でつなぐ」とはっきり主張するのではなく、「つながるように仕向ける」といったニュアンスを込めた、婉曲で責任回避的な表現になる。論理的な文書に曖昧な表現は不向きだが、日本語文化の宿命として、遠回しで断定的な言い方を避ける表現の全否定は難しいのではないだろうか（などと、ぼかした言い方をしてみたりして）。

そんなニュアンスを込めた素直な言い方として「つながるように仕向ける」、「つながらせる」が考えられるが、滑らかな言葉ではない。と言ってもなかなか名案が浮かばないが、「結びつける」ではどうだろうか。

068

「にくい」と「つらい」を混同するな

「〜にくい」と「〜つらい」の混用も気になる。「〜しにくい」は、実行する上で抵抗・支障・困難がある状況の総称であり、「〜しづらい」は心理的・道義的な抵抗など、人の気持ちがかかわる場合の表現であって、いわば前者の部分集合である。たとえば「入りにくい店」は入り口が狭かったりする物理的な面と、店主の癖が気になる心理的な面など、その店に入ることへの抵抗感全般をいう。それに対して「入りづらい店」は、主人がつっけんどんだったり、常連客が変わった奴ばかりであるなど、主として心理的抵抗をいう。

しかし昨今の日本語では、何にでも「つらい」を使いたがるのが気になる。心理的抵抗とは無関係な「勾配不足で排水が流れづらい」、さらに「雨が降りづらい」など自然現象にまで使うのは、明らかに誤りである。

敢《あ》えて「雨が降りづらい」なる言い方が当てはまるケースは何かと愚考するに、「雨を降らせる立場の雷神が、地上の人間の娘に惚れて、その娘を濡らしたくない心情になって、雨を降らせたくない状況」が該当する、……と思ったが、それなら「降らせづらい」だろう。「〜づらい」は、意思のある行為にしか当てはまらない言葉なのである。

「にくい」と「つらい」を混同するな

「放《ぱな》し」と「続け」を混同するな

朝からずっと椅子に座ったままで仕事に専念している状況を、「朝から座りっ放し」などと表現することが多いが、この言い方にも違和感が大いにある。

「～放し」とは、「開けっ放し」、「放《ほう》りっ放し」、「散らかしっ放し」などのように、「本来その後にすべき処理（閉める、片付けるなど）を怠ったまま『放置している』」状態を意味する表現である。これは、何らかの行為を「続けている状態」を意味する言葉ではない。

行為や状態を続けることを言う場合は、「動詞の連用形に「～続け」や「～づめ」を付ける。右記の例は「座りっぱなし」ではなく「座り続け」、「座りづめ」が正しい。日本語は美しい言語なのだから、こうしたニュアンスは大切にしたい。

安易に「性」と言うなかれ

最近「関係性」という言葉をしばしば耳にするが、単に「関係」と言えばよいところを、意味なく「関係性」と言っている場合がほとんどである。単に「性」の字がお好きだというより、ことさら字数を増やして哲学用語のように難しそうな雰囲気を演出して「権威付けよう」としている、などと勘繰りたくもなる。政治家が口にする言葉に助詞がやたら付く例（「対策を、検討を、する努力を、しておるところで……」など）と相通ずるところがある。

「性」の文字には要注意

たとえば、親子・友人・師弟など、「AとBはどんな関係か」を説明する場合には、単に「関係」と言うのが正しい。しかし、なぜか「性」の字をつけて「関係性」と言う例がきわめて多い。これは論文発表等だけに限らず、テレビでもしばしば聞くようになった。「関係性」とは、関係の有無やパターンなど、「関係という抽象概念そのもの」に関する議論に使う言葉である。単に文字数を増やしたりカッコづけるために、誤った意味で使うべきではない。

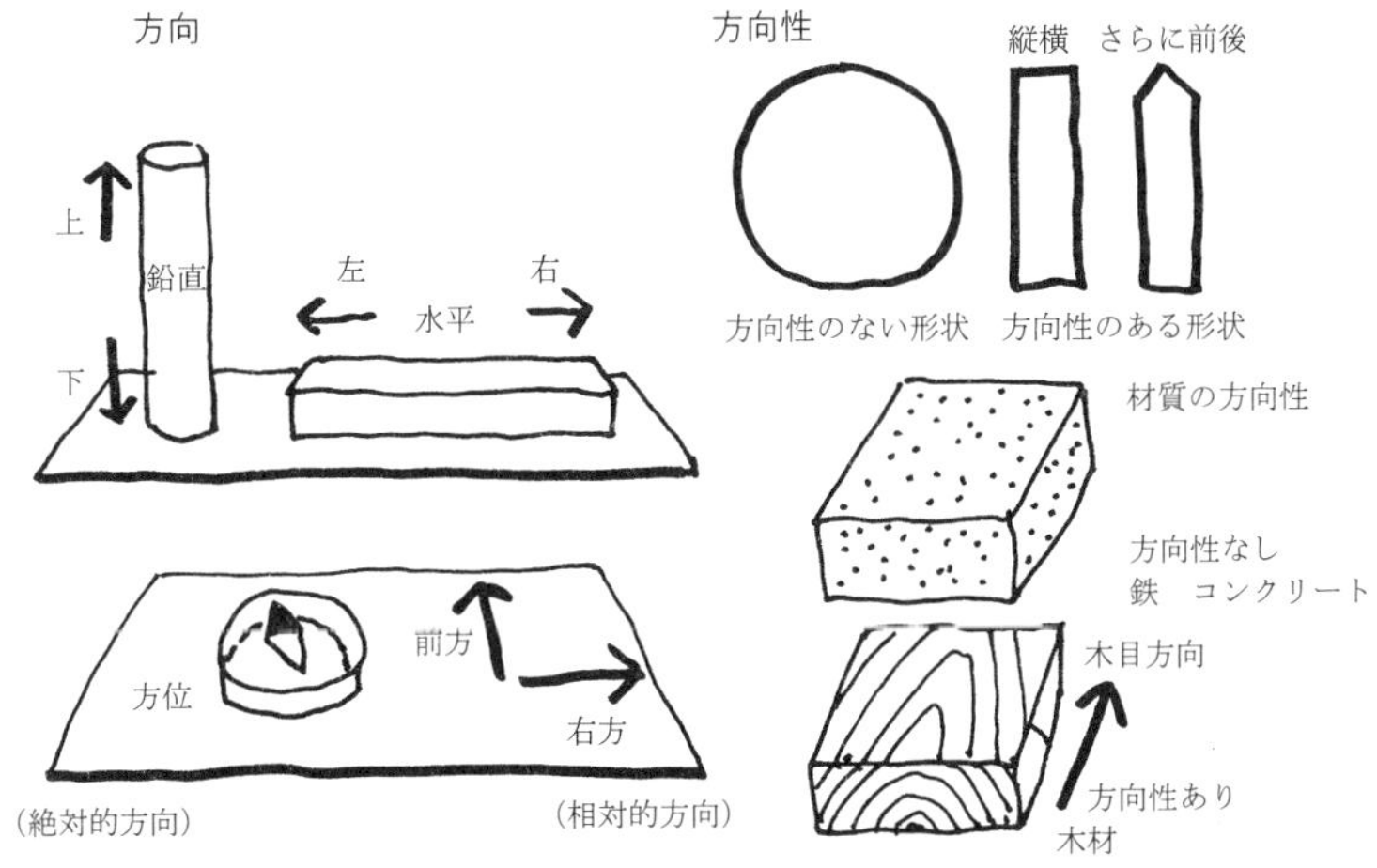

方向自体と方向性

「方向」自体と「方向性」

同様の誤用が「方向性」にもある。ある物体が「どの方向を向いているか」ならば単に「方向」だが、それをわざわざ「方向性」と言うのは、右記と同様にまったくの誤り。木材は繊維方向とその直角方向では性状が異なるが、この場合に「コンクリートに方向性はないが、木材には方向性がある」と言う。つまり方向そのものを論ずる場合は「方向」であり、「方向による性質の差異」や、「複数の要素の『方向』の相互関係」などを論ずる場合が「方向性」なのである。

「『方向』と『方向性』の関係」は、「『関係』と『関係性』の関係」と同種の関係である(ちょっとややこしかったか)。何でも「性」を付ければよいというものではなく、意味の違いを理解して使い分けるべきである。

070

号泣・寸断・牛蒡《ごぼう》抜き

しばらく動きがなかった再開発の建設現場も、最近ではクレーンが「林立」して活気があふれている、という場合の「林立」は正しい。しかし類似の「程度が甚《はなは》しい」表現である「寸断」・「号泣」については、用例のほとんどが過剰表現である。

過剰表現つつしもう

道路が1か所の崖崩れで通れないのを（ずたずたになっていないのに）「寸断」、タレント某が涙ぐんだだけで（泣き叫んでいないのに）「号泣」も気になる。大雨のニュースでは決まったようにマンホールから噴き出す水がアップで映るが、演出過剰で客観的報道とは言えない。

牛蒡は束ねて抜くものか

マラソンのテレビ中継で「ゴボウ抜き」というが、本来の意味は「牛蒡の収穫のように強引牛蒡は何本も束ねて抜くことは不可能。
図のように力まかせに抜こうとしても
簡単には抜けず、周囲を2尺ほど掘っ
てから抜く。

あらかじめ塩ビパイプや袋の中で育てる
方法もある。

筆者世代では「牛蒡抜き」といえば、全共闘デモ隊の
座込みを警官が一人ずつ引き抜くイメージが強い。

牛蒡もデモ隊も、「何本も」・「何人も」まとめて抜くことはない。

牛蒡は束ねて抜きはせず

に引き抜くこと」である。安保闘争が盛んな頃、座り込んだデモ隊員を機動隊が一人ずつ引き抜く光景が見られたが、そういう際の表現であり、競走で何人もまとめて追い抜く表現に使うのは誤りに違いない、……と思って『広辞苑（第5版）』を見ると「（牛蒡を土中から引き抜くように）一気に抜き上げること。人材を他から引き抜いて採用したりデモ隊の人員を（排除・検挙のため）引き抜いたりすることなどにいう。また、競走などで多人数を一気に抜き去ることにもいう。」と、マラソンの牛蒡抜きの用例があるではないか。言葉は常に変化するものとはいえ、どうせ近年の現象だろうと思って昭和44年版の広辞苑を見たら同じ記述がある。「昨今気になる」どころか、ずっと前からの用例なのだった。

しかし「牛蒡抜き」という言葉は、「長い棒状の物（1本）を、ずるずるっと一気に抜く」イメージであって、マラソンで「何人かを次々と抜いていく」表現としては、どうしても違和感がある。

改行したら2文字下げ？

（凝ったデザイン本末転倒）

たとえば「最初と改行後の行頭は1文字空ける」などの表記ルールは、勝手に変えるべきではない。すでに定着したルールを無視したレイアウトには、違和感だけでなく読む順序が不明確などの実害がある。しかし昨今のデザインには、既存ルールを敢《あ》えて無視したものがある。某雑誌が新しいレイアウトになったが、行頭が2字空けなのに留まらず、ページの上下2段に分かれた別の二つの文章を何本かの縦罫線が貫通しているなど、読む順序を無視したレイアウトになっているのには仰天した。

第八章

データのまとめ方

ここでは、研究論文などの書類を書く際のごく基本的な作業である、データの収集・整理、特にその表示・表現に関する留意事項について述べる。ここで挙げるいくつかの標語は、研究論文に限らず仕事全般に遍《あまね》く適用されるべき基本原則である。

その内容は本文で詳しく（しつこく）述べる通りだが、常に全体像を俯瞰的に見て、論理構造を把握しておくことが重要である。情報をなるべく視覚化し、具体的には、フローチャートなどの形で表現することによって、論理構造や作業の手順などを具体的に考え、理解することである。

いろいろな情報を視覚的にわかりやすい形にまとめておくことは、いかなる作業においても基本なのである。

071

まず方針を決めてから

何かの仕事を始める際に、まだ方針が決まっていないまま時間に追われて取りあえずスタートしてしまい、目先のことを何とか処理しているうちに方針も自然に決まってくる、という形で仕事を進めなければならないこともある。しかしこれでは具体的な目標が立たず、労力を投入するタイミングも決まらないなど、無駄のない作業をスムーズに進めるのとは程遠い。仕事を始める際には、目的や方針などの全体像を把握し、作業内容や所要時間などを具体的に検討してから作業に入るのが本来の手順である。明確な方針なくしては、作業は進まない。

全体像を把握せよ

指示されたことを義務的にこなす仕事も現実にはある。しかし比較的少人数または個人で行う場合は、仕事の全体像を主体的に把握していなければ仕事は進まない。言われたままに処理するのではなく、個々の作業の仕事全体における位置づけや次段階への発展などを常に把握しておかねばならない。

指摘箇所だけ修正すれば終わり、ではなく、
全体を通して新たな問題や見落とした箇所
などがないことを確認しておく習慣が大切。

部分修正でも全体チェック

仕事は自分の意志でせよ

しかし現実には、目先の目標だけを考えがちで、またそのほうが「楽」なのも事実である。論文の添削で、指摘された箇所だけを修正した結果、前後のつながりがおかしくなったものを構わず出してくる者がいる。設計製図の指導でも、改善すべき理由や参考事例などを懇切丁寧に説明しても、「要するにここをこう直せばいいんでしょ」という反応をする者もいる。

集団で行う作業では、仕事を細かい単位に分解して個々の作業は極力単純作業とし、実行する者には全体像などむしろ知らしめないほうが効率的、という管理方法もあるだろう。しかし、与えられた作業を受け身の態度でこなすのではなく、仕事の全体像を把握して、自分の意志で進めるべきなのである。

フローチャートで全体把握

仕事を始めるに当たっては、全体の論理構成や手順を検討するため、まずフローチャートを作る。しかし初期段階では全体像が固まっていないため、単位作業を矢印で適当につないだだけの図になりがちである。「この矢印はどういう関係を示しているのか」と聞かれて「さあ～」と詰まってしまうようでは、論理構成が理解できていない。フローチャートは、単に作業の順を示すのではなく、論理的・時系列的関係を表す論理構成図である。これを活用して全体像を理解しておかねばならない。

矢印1本命懸け

大学院生が現在ほど多くない時代には、研究活動は助手または大学院生1名と卒研生2～3名によるチーム制で実施していた。助手・院生は、具体的な作業に加えて研究全体の管理調整が重要任務であり、研究立上げの時期には研究のフロー図を必死に考えていた。年数を重ねるにつれてノウハウも蓄積し、研究のパターンも固まってきて、そんな状況も少なくなったが、

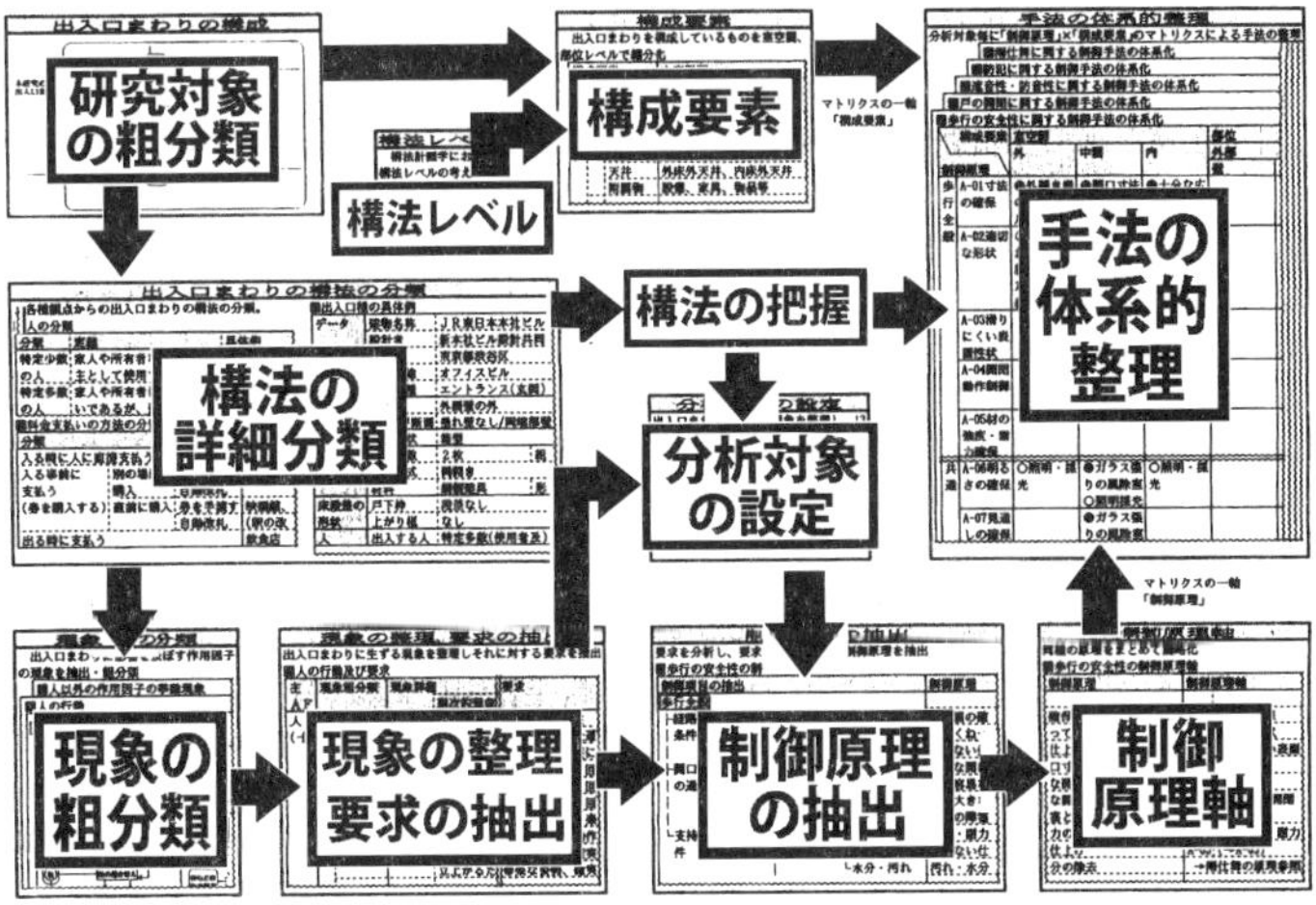

関係する要素を書き出し、相互関係を線でつないで論理構成を視覚化する。

フローチャートで全容把握

研究の論理構成の構築と理解のためには、フローチャートによってヴィジュアル化することが重要であることに変わりはない。「命懸け」などと表現するのはちょっとオーバーだが、それぐらい基本的で重要なことなのである。

現在位置を把握せよ

現在行っている作業の、仕事全体における位置づけは、常に把握している必要がある。これは研究に限らず何事にも当てはまる基本原則である。

並行作業でいくつものファイルを開いていると、うっかり違うファイルで作業してしまって、無駄な作業やファイル誤消去事故につながることもある。ファイル名・フォルダ名の決め方のルールなどにも、わかりやすい方法を工夫して混乱を避ける手段を講じておこう。

データは値より比を示せ

見積金額を報告する件については015にも書いたが、単に「金額が○○円安くなった」という情報だけでなく、以前の額に対してどの程度安くなったか、目標値との差はどれだけ縮まったか、などの関連事項の検討に必要な、客観的判断に役立つ情報を明示しておく必要がある。こうした場合には目標との差額などの値を問題にすることが多いが、値を比較する場合の一般論として、差を論ずるだけでなく、全体に対する比率という視点を忘れてはならない。

比率は大事で差も大事

「全体像の把握」という総論的な視点からいえば、絶対値よりも比率の把握が重要だが、逆に比率より差額のほうが重要な場合もある。当面の資金が足りない場合、比率云々《うんぬん》より具体的にいくら足りないか、のほうが切実であろう。

比で表現する場合、何に対する比率であるのかを明確にしておかないと、話が曖昧になる。ある指標が50%であったものが「20%減った」というだけでは、元の指標の尺度で40%（50×

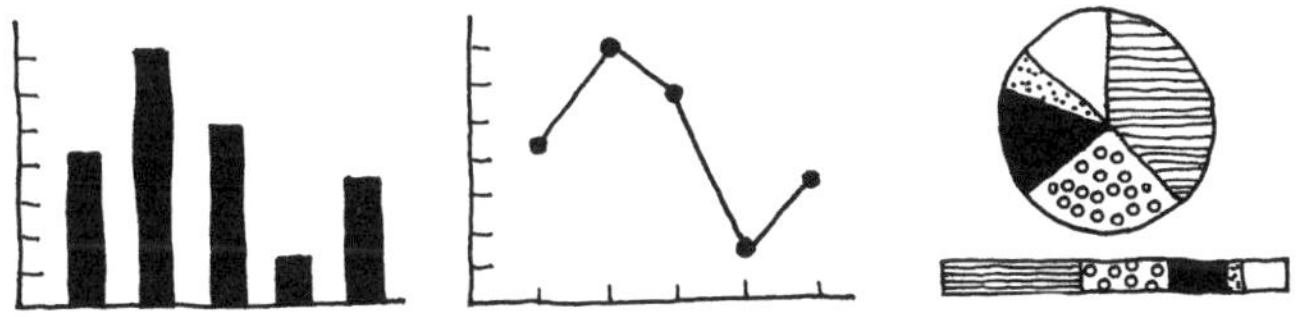

棒グラフは値の比較を示す。変動の表現には向かない。

折れ線グラフは不連続な値を示す。

円グラフ・帯グラフは構成比だけを表す。全体が100%。

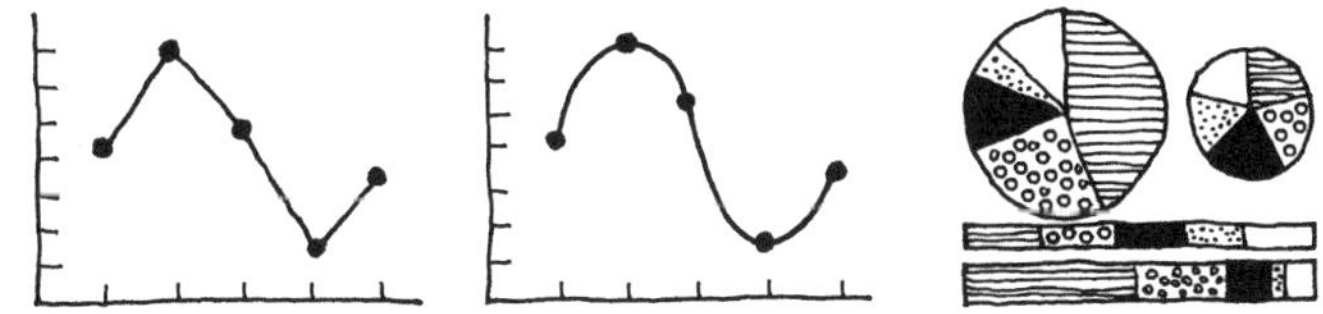

折れ線グラフは値の変動を示す。値の比較には使わない。

表示した点以外に情報はないのだから曲線で結ぶのは誤り。

量的な違いを表現するには円や帯の寸法で表す方法も。

表す数値に合った表現を選ぶ必要あり。異なる表示形式では誤解を招く。
グラフの種類は適材適所

80%）になったのか、30%（50マイナス20）になったのかが曖昧である。昨今のニュース番組では、後者を「パーセント」ではなく「ポイント」として区別しているようだが、この使い分けが広く認識されているかどうかは疑問である。

グラフの尺度は適材適所

さまざまな数値や比率は、グラフで視覚的に表現するほうがわかりやすいことは言うまでもない。何事も「慣れ」だから数表であろうが折れ線グラフであろうが見慣れれば同じ、という意見もあるが、直観的にわかりやすいのに越したことはない。

なおグラフ表示では、軸を通常目盛（等差スケール）とするか対数目盛（等比スケール）とするかの判断も重要である。自然現象、生物的現象、社会現象などは、対数グラフのほうが原理にかなったものが多そうである。

グラフの軸は途中を切るな

数値の変動を表すグラフで、総量に対して変動の幅がわずかな場合は、値通りのスケールでグラフを描いたのでは変動が目立たない。この場合、変動する側の座標軸を変動範囲近傍に限って拡大表現することで、変動が明確に表現できる。

しかし部分拡大スケールのグラフでは、変動は強調されるが、全体に対する比率は不明確になり、表示するデータによっては誤った印象を与えてしまう。表示スペースにグラフ全体が収まらないなど、途中省略がやむを得ない場合も同様の問題がある。

差が問題になる場合は部分スケールで拡大表示すればよいが、比が問題になる場合は尺度の部分省略には注意が必要である。省略する部分は、切断線(ダブル波線など)で途中省略であることを明示しておかねばならない。

グラフの軸も全体像

ものの値を論ずるに当たっては、比率としてはわずかでもその差が重要な意味を持つ場合が

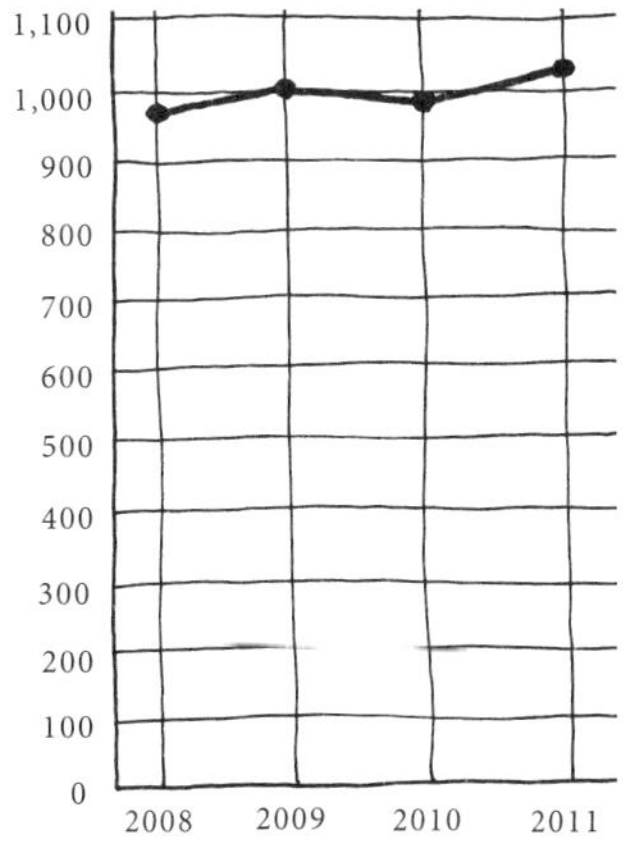

実際にはこの程度の変動でも、部分拡大では
誤った印象を与える危険がある。

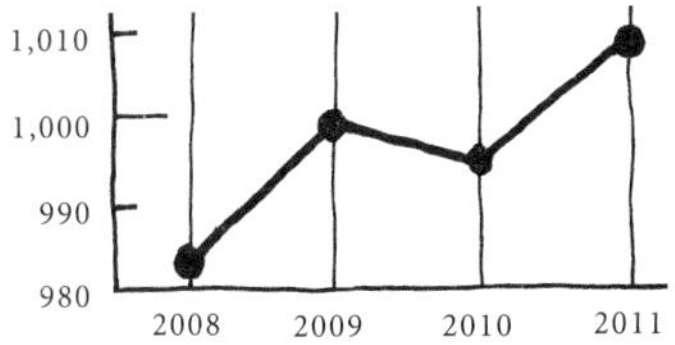

軸を途中省略すると変動が強調される。
変動の過剰強調は誤った印象を与える。

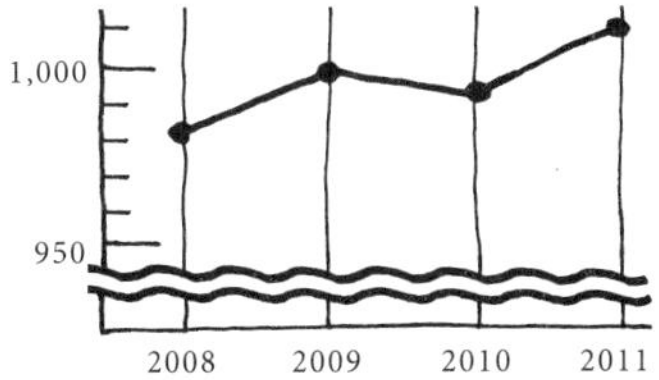

軸を途中省略する場合は明確に示す。
せめて区切りのよい数字で切る。

グラフによっては誤解誘発

あるから、要はそのグラフで表したい情報を表現するという、「目的に合った」スケールと範囲のグラフを描くことに尽きる。特に注意すべき点は、前述のように比率を示したいのか差を示したいのかを明確にすることである。さまざまな分野ごとにそれぞれの癖や慣習があるのはしかたがないが、誤った印象を与える危険がある表現方法は使うべきではない。

グラフの表示に騙されるな

テレビの報道等で表示されるグラフには、軸の部分省略によって変動を強調したものが多く見られるが、時には作為的な印象操作ではないかと勘繰りたくなる場合もある。各自の専門分野でグラフの書式も定式化していることが多いと思われるが、それが適切な書式であるかどうかは、改めて見直してみる必要がある。

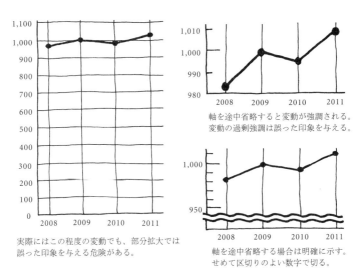

事実と考察は区別せよ

事実を客観的に説明する「報告」の部分と、それに対する自分の見解を述べる「考察」の部分とは、明確に区別しておかなければならない。既存資料を引用した部分と、それに対する自分の考えについても同様であり、両者は明確に区別しておくことと、引用箇所には出典を明記しておくことが必要である（０２７参照）。この区別が曖昧では、どこまでがオリジナル文の内容で、どこからがそれに対する意見なのかがはっきりしない。これは不便なだけでなく、盗用問題に及ぶ恐れもある。

カラー表示は要注意

強調したい部分や他と区別する部分等の表現にはいろいろな方法があるが、これについても注意が必要である。記号による場合はその意味が理解されなければ無意味であり、色による区別はモノクロコピーで無効になる。フォントの区別は文字データのコピー方法によっては確実とはいえない。罫線や段組みで区分するなど、字数や掲載スペースを考慮して、文書のタイプ

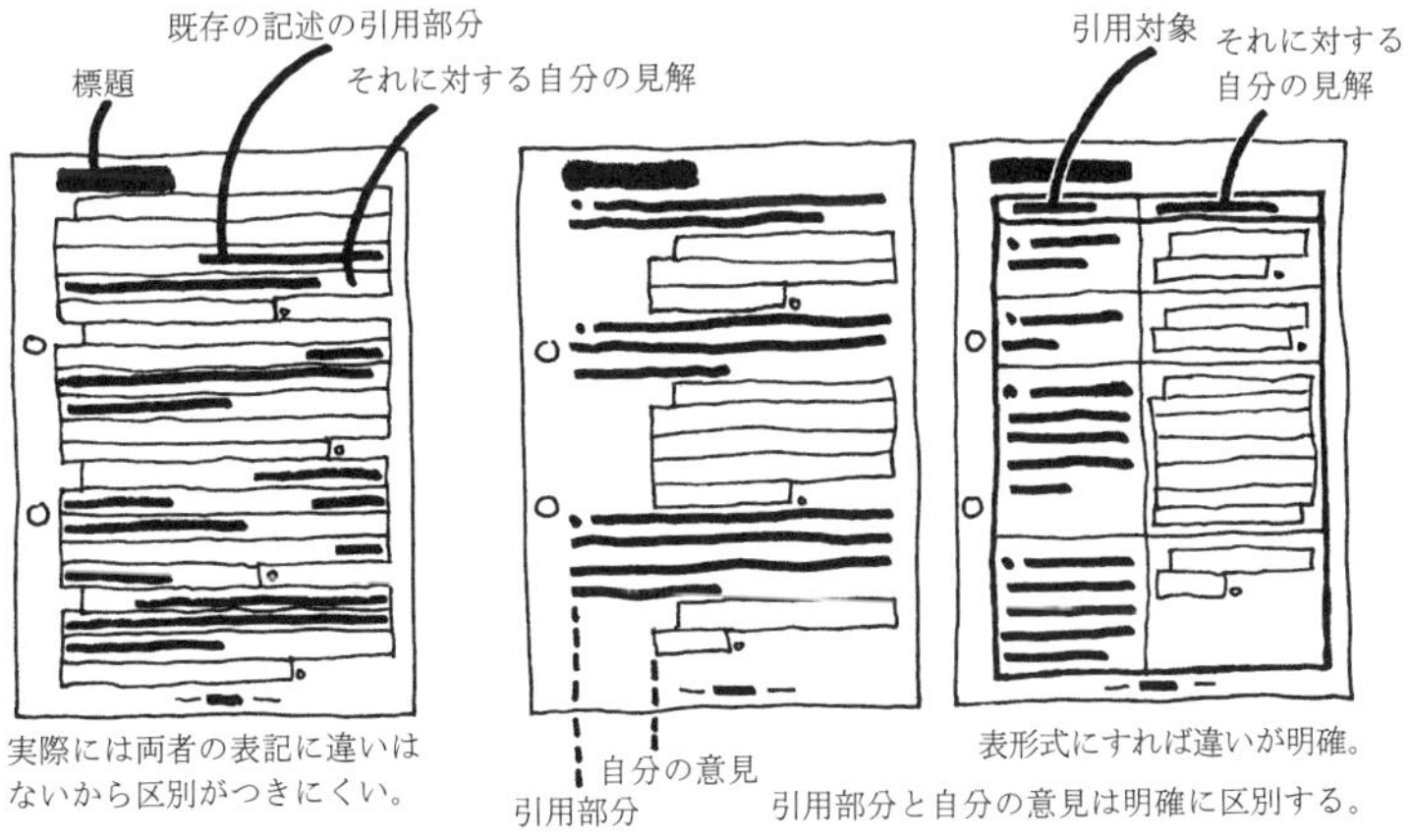

他人の文を引用して、それに対する意見を述べる場合は
両者の区別が一見して判別できる表現にする。

事実と意見をはっきり分けよ

や量に応じた最適な表現の工夫が必要である。

引用部分ははっきり表示

他の文献から引用する場合には、自分が書いた部分と引用部分との明確な区別を怠ると、原典を参照する際に不便なだけでなく、無断引用や剽窃《ひょうせつ》にもなりかねない。引用部分は一般に引用符号(括弧、クォーテーションマーク等)で囲むが、引用部分が長いと範囲がわかりにくくなる。その場合、レイアウト(字下げ、段組み)やフォント(字体・色・サイズ)等で区別するが、メール送付や他データ形式への変換の際に判別情報が消えたり誤変換されたりせぬよう注意が必要である。

「注意が必要」って具体的にどうするのか、と聞かれそうだが、まずは実際に自分や手近な仲間宛に送信してみればよい。

文字の場合も因数分解

項目を羅列する場合、同じ文言がいちいち繰り返されたのでは、書くにも読むにも無駄である。同じような長い文の繰返しでは、どこが違うのかわからなくなる（０３１参照）。文字列についても数の因数分解と同様に、同じ文字列要素を略記で表現するなど、書く手間も読む手間も軽減する配慮が欲しい。

手書き原稿の時代には、書く手間を省くために、繰返し記号の他にもさまざまな略字（音や形状が似て画数が少ない字、後に新字体になった字も）の工夫があった。学生運動が盛んだった時代には大学構内のタテカン（立看板）に「機動隊導入反対」の「機」を木偏に「キ」、「導」を「ド」にした字が書かれていたが、こうした字のことを「全共闘文字」と呼んでいた。

同文反復はシステムの間違い

パソコン時代になると画数の多い字でも書く手間に差はなく、同文の繰返しもコピー・アンド・ペースト（「コピペ」と略称するがきれいな言葉ではない）でまったく苦にならなくなった。

ある研究報告書の「研究実施体制」の部分

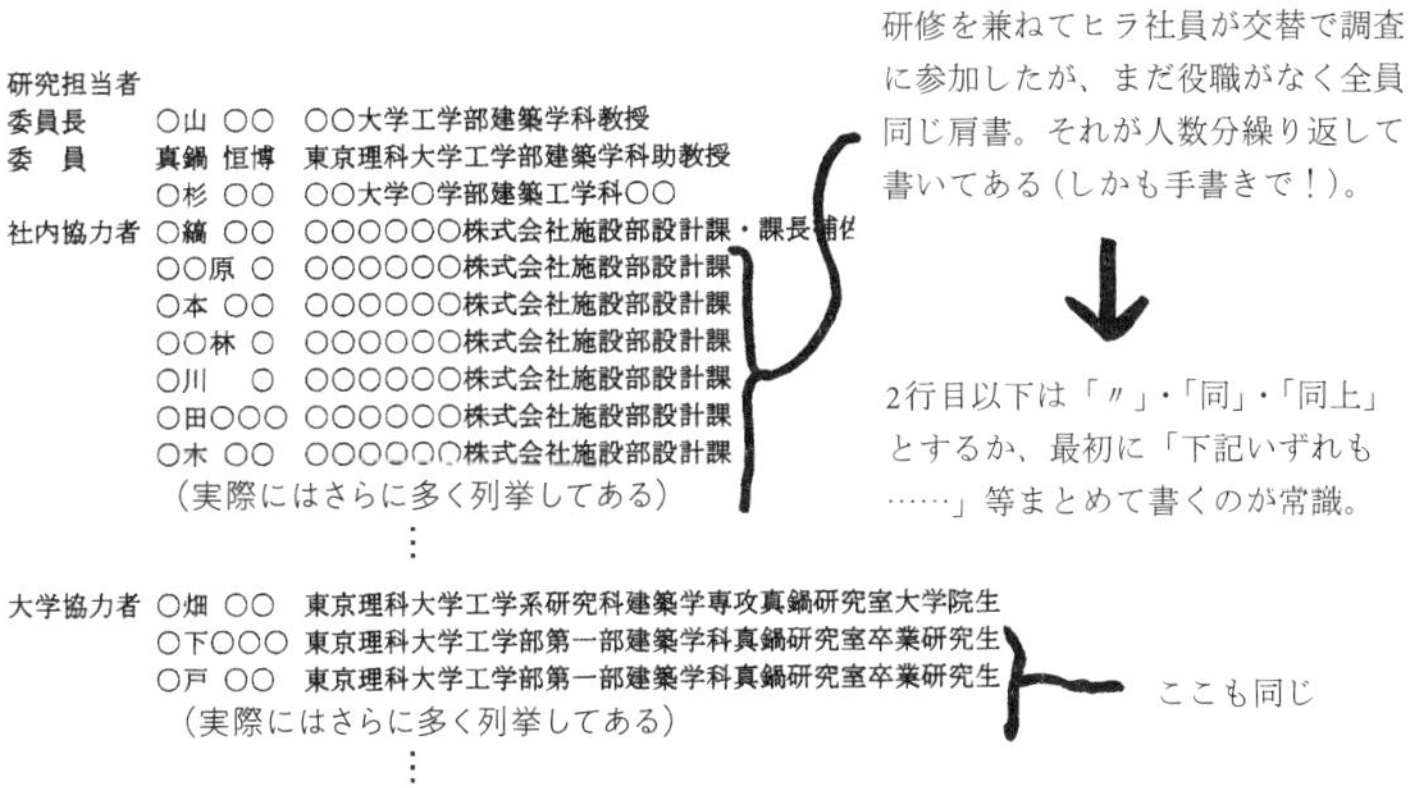
研究担当者
委員長　○山 ○○　○○大学工学部建築学科教授
委　員　真鍋 恒博　東京理科大学工学部建築学科助教授
○杉 ○○　○○大学○学部建築工学科○○
社内協力者 ○縞 ○○　○○○○○○株式会社施設部設計課・課長補佐
○○原 ○　○○○○○○株式会社施設部設計課
○本 ○○　○○○○○○株式会社施設部設計課
○○林 ○　○○○○○○株式会社施設部設計課
○川 ○　○○○○○○株式会社施設部設計課
○田○○○　○○○○○○株式会社施設部設計課
○木 ○○　○○○○○○株式会社施設部設計課
（実際にはさらに多く列挙してある）
大学協力者 ○畑 ○○　東京理科大学工学系研究科建築学専攻真鍋研究室大学院生
○下○○○　東京理科大学工学部第一部建築学科真鍋研究室卒業研究生
○戸 ○○　東京理科大学工学部第一部建築学科真鍋研究室卒業研究生
（実際にはさらに多く列挙してある）

研修を兼ねてヒラ社員が交替で調査に参加したが、まだ役職がなく全員同じ肩書。それが人数分繰り返して書いてある（しかも手書きで！）。

2行目以下は「〃」・「同」・「同上」とするか、最初に「下記いずれも……」等まとめて書くのが常識。

ここも同じ

同じ文言繰り返さない

しかし同じ文言の繰返しは、無駄な情報の場合がある。何度も同じ長ったらしい決まり文句を繰り返すのは、読む側にも苦痛である。適切な省略によって、書く場合も読む場合も無駄な労力を避ける工夫をすべきである。

コピペの手順に要注意

文章の推敲では、記述の順序を入れ替えるなどの変更もある。しかし文章の中に「〃」や「（同上）」などの反復記号がある場合は、文字列をカット・アンド・ペーストで移動すると、その記号がどの文字列と同じなのかわからなくなることがある。この対策としては、なかなかうまい手がないが、最終的な文章の前（キーワードが並んだ状態）の段階で論理構成や筋書きを十分に練ってから読みやすい文体に推敲する、というのがやはり基本であろう。

077

違う言葉は字数を変えよ

「賛成／反対」「有料／無料」「有り／無し」などの区別を文字で表記する場合、字数や文字の形状、文字の「濃さ」などが似ていると、異なる文字でも違いがわかりにくいことがある。特に、ほとんどの欄が同じ字で、いくつかの欄だけが異なり、しかも2種類の文字の濃さなどの視覚的な差異が少ない場合には、一見しただけでは違いがわからず、それこそ「ウォーリーをさがせ！」状態になってしまう。

年次業績報告などの数表にも、個別金額・小計・合計が、同じような配列で単純に並んでいるために、慣れない者には数字の違いがわかりにくい場合がある。こんな書類を見ると、部外者にわかりにくくするため故意にそうしたのか、と勘繰りたくもなるが、見慣れた者にとっては不便など感じないのかもしれない。

スタイル変えれば違いが明瞭

こうした場合には一目で違いがわかる工夫が必要である。文字の記入位置（例：個別データ

	A	B
1	○	×
2	×	×
3	×	○
4	○	×
5	×	×
6	×	×

はっきり違う記号を使えばわかりやすい。

	A	B
1	●	×
2	×	×
3	×	●
4	●	×
5	×	×
6	×	×

記号の「濃さ」を変えればさらにわかりやすい。

	A	B
1	有	なし
2	なし	なし
3	なし	有
4	有	なし
5	なし	なし
6	なし	なし

字数を変えても同じく違いが明白になる。

	A	B
1	あり	—
2	—	—
3	—	あり
4	あり	—
5	—	—
6	—	—

註:「ー」は「なし」

記号化(多いほうだけ)でさらに明白になる。

違いがわかりやすい表

	A	B	C
1	あり	なし	あり
2	なし	なし	なし
3	あり	あり	あり
4	あり	なし	あり
5	なし	あり	なし
6	あり	なし	あり

字数や字の形にはっきりした差がない。

	A	B	C
1	○	□	○
2	□	□	□
3	○	○	○
4	○	□	○
5	□	○	□
6	○	□	○

文字や記号の「濃さ」に差がない。

違いがわかりにくい表

違う言葉は字数を変えよ

と合計欄の桁位置をずらす)、字数(例:「正・否」は同じ1字だが、「適・不適」なら字数が違う)、文字や記号の濃さや形状(図形の塗潰し面積、字画数、強調文字)が異なるものにするなど、一見して違いがわかる表現を工夫するとよい。

例外以外は略記せよ

大部分が同じデータで一部だけが異なる場合、似た文字や数字で欄が埋まっていると違いが目立たない。例外的データ以外はデフォルト扱いで「ー」等の記号とし、その旨を欄外に注記する。いっそデフォルト欄を空欄にしてしまえばすっきりするが、それではデータ欠落等の「不明」欄と区別がつかない。

078

旧バージョンもすぐには消すな

作業の進行とともにファイルは更新されていくが、うっかり間違えて最新版ではないものを対象にして作業するようなことになると、空しい手戻り作業という結果になる。最新版だけ残して旧版は消去してしまえば混同はなくなるが、推敲過程の変更履歴は残らず、推敲を重ねるうちに前の書き方のほうがよかったと気づいても、その段階には戻れない。なおワードには変更箇所を表示する機能があるが、面倒なので使ったことはない。

ファイルが壊れたり誤消去した場合に備えてバックアップは必須だが、書きかけの下書きファイルもすぐには消さないでおけば、前の段階に戻ることが可能である。そのためにはファイル名やフォルダ名に日付やバージョン番号を入れたり、旧ファイルは専用のフォルダに移すなど、混同を避けるルールにしておかねばならず、共同作業では特に注意が必要である。

用済みデータも慌てて消すな

無事脱稿し、校正も終わり、出版物の完成で作業がすべて完了した段階で、不要なファイル自宅と仕事場でパソコンを並行使用する場合は、データの同期化ができると便利。

可搬メモリを主メモリとする方法もあるが、更新データだけを上書きすれば簡単。

そのためのバッチファイルを自作しておけば便利である。

ドライブ名・フォルダ名は適宜指定(ここではパソコンは2か所とも「C:¥作業用」、運搬用メモリは「F:¥運搬用」と仮定)。下記をテキストファイルで作成し、「(各自命名).bat」の名でセーブする。

■プログラム1:1台目のパソコンから運搬用メモリへ新しいデータだけコピー

```
ECHO   データバックアップ用バッチファイル・「PCから」用   (コメント行)
XCOPY  C:¥作業用 F:¥運搬用 /E/F/S/D/Y                  (処理はこの行だけ)
ECHO   作業終了                                          (コメント行)
EXIT                                                     (終了)
```

■プログラム2:運搬用メモリから2台目のパソコンに新しいデータだけコピー

```
ECHO   データバックアップ用バッチファイル・「PCへ」用
XCOPY  F:¥運搬用 C:¥作業用 /E/F/S/D/Y
ECHO   作業終了
EXIT
```

エクスプローラーでファイル名をクリックすれば、新しいファイルだけが上書きされる。

不要なファイルは双方のパソコンおよび運搬用メモリからマメに消しておく必要がある。

コピーツールの自作は容易

や資料は消去してしまえばよい。しかし昨今では、パソコンの記憶容量の制約はさほど意識する必要もないから、整理作業を省いて保存フォルダに放り込んでおくという乱暴な方法もある。ただし混乱を生じないファイル名にするなどの工夫は必須である。用済みのデータも、パソコンの記憶容量が許す範囲で残しておけば万が一の安全弁にはなるが、こうしたデータはあまり使わないものである。

バックアップは必ず取ろう

筆者は自宅と大学のパソコンを並行使用するために、その日に作業した新しいファイルだけを相互にコピーして、大学と自宅のデータを同期化(ミラーリング)していた。便利なソフトが普及する前から続けているので、そのための簡単なプログラムは自作している。

079

今後の課題は正直に

論文発表会ではいろいろな分野の研究論文に接するが、研究対象・方法、発表のスタイルなど、いろいろな面で、分野によって異なる特色を持つのは当然である。同じ会場でいろいろな分野の研究発表がある場合には、分野ごとの考え方や発表方法の違いが明らかになるのも興味深いものである。だが中には首をかしげたくなるような発表もある。

ある論文発表会で、実験結果の回帰直線がどう見ても原点を通りそうにない分布に、(理論上はそうなるはずの)原点を通る直線を引いた例を見たことがある。経験の浅い学生の発表とはいえ、これは誤りである。理論どおりの結果が出ない場合は、「そうなるはず」の線を強引に引くのではなく、まずは回帰直線が原点を通らなかった理由を究明すべきである。データ捏《ねっ》造疑惑が報道されることがあるが、実際はうまくいかなかった研究をあたかも成功したかのように発表してはならない。研究論文や報告書の最終章には全体のまとめを書くが、得られた成果という肯定的な内容だけでなく、反省点や今後の課題を明記しておくことも、後続の研究のためには重要なのである。

委託研究や公的プロジェクトなどで、未完成のような結論を書くわけにはいかない場合もあ

必ずしも理論どおりの結果が得られるとは限らない。
予想と合わない場合は、原因を究明してこそ「研究」になる。
勝手な思い込みで結果を誤魔化すことがあってはならない。

今後の課題は正直に

ろうが、常に目標どおりの成果が得られるとは限らない。当初の目標を達成できなかった経緯や、研究方法について明らかになった問題などは、継続研究につながる重要な情報である。どこまで公表するかは別だが、少なくとも内部資料としては正確かつ詳細な記録を残すべきである。

謙虚な態度は研究の基本

筆者の研究室では、論文には必ず「今後の課題」の項目に詳細な記述を残すよう指導し、論文発表の最後のスライドも「成果と課題」と決めていた。学生が「今後の課題」を正直に発表したら、他の教員から「未完成のものを発表するのか」と揶揄《やゆ》されたことがある。しかし行きすぎた強気姿勢や成果主義は、データの改竄《ざん》や捏造を生みかねない。研究においては常に客観性と謙虚さを失ってはならない。

標語　番外編

正直だけが能じゃない

（相手に不快感与えるな）

今さら「今後の課題は正直に」などと言うまでもなく、論文や調査報告書を「正直に」書かなかったのでは、それこそ問題である。しかしさまざまな情報授受において、必ずしも「正直」が最良とは限らない。筆者の性格として正しいことは正しいと言い張る傾向があるが、そのため相手を怒らせることもある。「人を欺《あざむ》いてずる賢く立ち回り、自分に有利な結論に、そうと意識させず誘導する」ではイメージは悪いが、「何でも全部正直に議論してから」ではスムーズにいかないことも多い。

第九章

分類の論理構造

ここでは、物事の整理の基本である「分類」に関する標語について述べる。筆者の研究室で行っていたいろいろな研究テーマの多くが、さまざまな建築構法の体系的分類に関するものであった。分類とは、単にいろいろなものをグループに分けるのではなく、さまざまな集合の全体像を把握する上で基本的な視点であり、作業である。

いかなる専門分野においても、論理的な分類体系を築くことは、作業の基本である。その場合、対象となるさまざまな要素を、いかなる観点(属性)に注目して分類すべきかが重要である。

この章では、分類の考え方から現実的な分類表の作り方に至るまで、いくつかの観点から分類に関係する標語を挙げておく。

080

分類の前にまず知識

講義で屋根形状の体系的分類の話をした際に、ある学生に「話はよくわかったが、その分類観点はどうやったら求まるのか」と聞かれた。それこそが体系化研究であり、それを追究するのが研究なのだから、短絡的な答などはない。一言で理解させるのは難しいので「いろいろな屋根の実例が頭に入っていなければ網羅的な分類は不可能だから、実例をできるだけ多く見てから考えなさい」と答えておくしかない。

興味と知識がまず基本

何事に臨む場合も、対象に関する興味と知識欲を持つことが基本である。また、一見無関係と思える他分野の知識も、実は関連があって参考になる場合は少なくない。日頃からできるだけ広い分野に興味を持ち、幅広い分野の本をよく読んで十分な知識を持っていたい。

分類についても同様で、対象に関する興味と知識が無ければ、適切な分類はできない。さまざまな観点に基づく分類と、それぞれの内容を学び、論理的な矛盾が無いことや、網羅的・排

どんなことにも興味を持とう

他的であることなどを十分に検討してこそ、論理的な分類が可能になる。ともかく、いろいろなことを知っているに越したことはない。常に正確で豊富な知識を得る努力を怠らぬことが基本なのである。

知識は創造の基本

逆に「知識は創造性を阻害する」などと、わかったようなことを言う者がいる。これは知識が無いことの言い訳を格言めかして言う、低レベルの自虐ネタである。敢《あ》えて加筆するならば、「生半可な知識に基づいた不正確な思い込みは創造性を阻害する。」であろうか。

本質を理解せず、聞きかじりや俗説に基づいて間違った概念に固執してはならない。建築という「雑多な実用品」を扱う分野では、幅広い知識に興味と理解を持った柔軟な意識でいたほうがよい。

分類は網羅的・排他的に

筆者が行ってきた研究の多くが「建築構法の体系化」に関するものであり、「体系的分類」・「体系的整理」というキーワードを多用していた。体系的な分類とは「何となく属性が似たグループに分ける」のではなく、網羅的・排他的・論理的なものでなければならない。「網羅的」とは分類対象すべてをカバーし、「排他的」とは分類肢が重なり合っておらず、「論理的」とは分類の根拠が論理的に説明されていることである。体系的分類は、分類の基本である。

分類の前に軸の検討

全体像の把握には分類が基本であり、どの分類観点が最も適切かを十分に考慮する必要がある。分類軸の選択を間違えると、その後の論理構築は破綻する。なお、直観的にわかりやすい分類の表現方法は、主要な2軸による平面マトリクス(クロス分類表)である。

論文等に分類表を掲載する場合に、いきなり結果としての表だけを表示したのでは、理解するのが難しい場合がある。分類観点(表の縦横軸)を定義した根拠や、それぞれの分類軸の詳

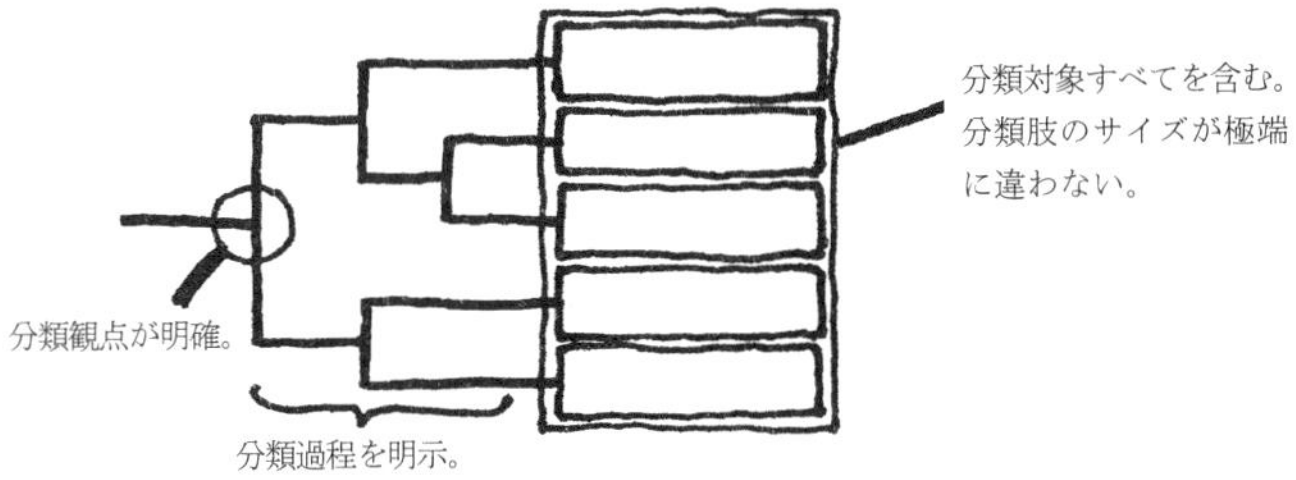

正しい分類

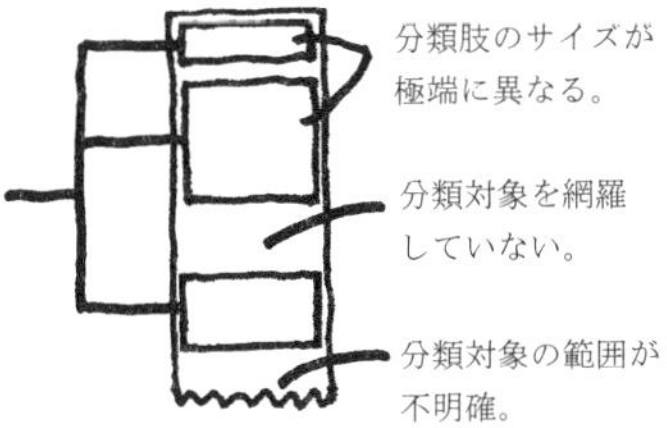

不適切な分類1：網羅的ではない

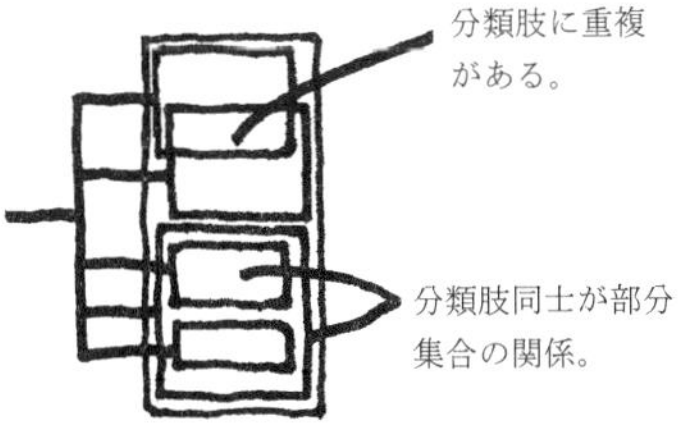

不適切な分類2：排他的ではない

分類は網羅的・排他的に

細な内容を、具体例を挙げて説明し、その上で表（マトリクス）の本体を示すべきである。

分類肢はフルネームで

分類を枝分かれ図等で表現すると、何段階かの枝分かれの最後に、最終的な分類肢が位置づけられる。分類が枝分かれしていく途中の過程、すなわち分類の「論理」を示す部分の名称は、論理性を徹底するとかなりしつこい表現になるので、可能な範囲で省略することになる。しかし分類過程を省いて最終的な分類肢だけを示したのでは、なぜそういう分類になったのかがわからない。分類の根拠が明確に示され、簡潔かつ最適な表示方法を追求せねばならない。

分類は粗から密へ

論理的・網羅的で厳密な分類をいきなり完成させるのは、容易なことではない。まずは分類対象の集積量に応じた精度の粗分類から始めて、分類対象についてさまざまな知識を蓄え、理解しながら、次第に精度を上げていけばよい。個々のデータがどの分類肢に該当するか判断に迷う場合があるが、分類肢の網羅性・排他性が厳密に検討できていない場合や、対象分野の知識・理解が不十分な段階では、こうした事態はむしろ当然である。まずは粗く分類しておき、全体像の把握に応じて次第に詳細な内訳を考えていけばよい。

迷ったときは粗分類

厳密な分類体系の作成は容易ではなく、また詳しい分類が実用的であるとも限らない。しかし集めた情報は、取りあえず何らかの分類に従って分けておかないと扱いに困る。論理を重んじた結果、分類が複雑で手に負えなくなりそうな場合は、厳密な分類体系よりまずは対象を理解することを優先して、暫定的に粗分類に戻っておけばよい。

類似標語　086「表の端には集計欄」　090「理論と資料は別の分類」

どの分類を適用すべきか。
細かい箇所が気にかかる。
3次元マトリクスは図示不能。
あれこれ考えてもまとまらず。

分類はまずは単純な段階から。
「その他」があれば網羅は可能。
いろいろ見れば知識も増える。
詳しい分類はデータが増えてから。

分類には「その他」

わかったつもりの比喩に注意

異なる対象でも分類に共通性がある場合もある。適切な分類観点が見出せない場合は、類似の分類もヒントになる。しかし何かに喩《たと》えて考えるとイメージしやすいとはいえ、時に「わかったような気になるだけ」の危険もある。

分類には「その他」

網羅的な分類体系が未完成の場合の便法として、取りあえず分類肢に「その他」を加えておくという「逃げ道」がある。体系的ではないが、少なくとも「網羅」にはなる。これは「体系的・網羅的・排他的・論理的であれ」という原則には反するが、実務上避けられない矛盾に対しては、こうした現実的な判断も必要である。

枠に入れれば表になる

項目を並列的に表現する場合、文章でだらだら書くより箇条書きで表現するほうが視覚的にわかりやすいことは、これまでに何度か述べた(039、057など)。関連性を意識せず羅列的に書いたメモも、何らかの分類軸を設定して表にしてみると全体の構造が見えてくる。まずは字に書いて具体化し、それらを表にまとめる方法をいろいろ試みることで、どんな情報が読み取れるかを試行錯誤しながら考える。情報をランダムに置いて眺めているだけでは、なかなか全体の構造が見えてこない。

表はデータのマトリクス化

このように、集めたデータはマトリクスに整理して全体像を把握する習慣をつけるとよい。どのような観点(分類軸)で整理すればよいかを考えることは、データの整理をする一連の作業の中でも「面白い」段階である。表にまとめることは、まさに構法計画学における「体系的分類」の考え方に他ならない。

言葉の列記ではなく表にまとめるのが整理の基本。
平面上の表現は2次元まで。

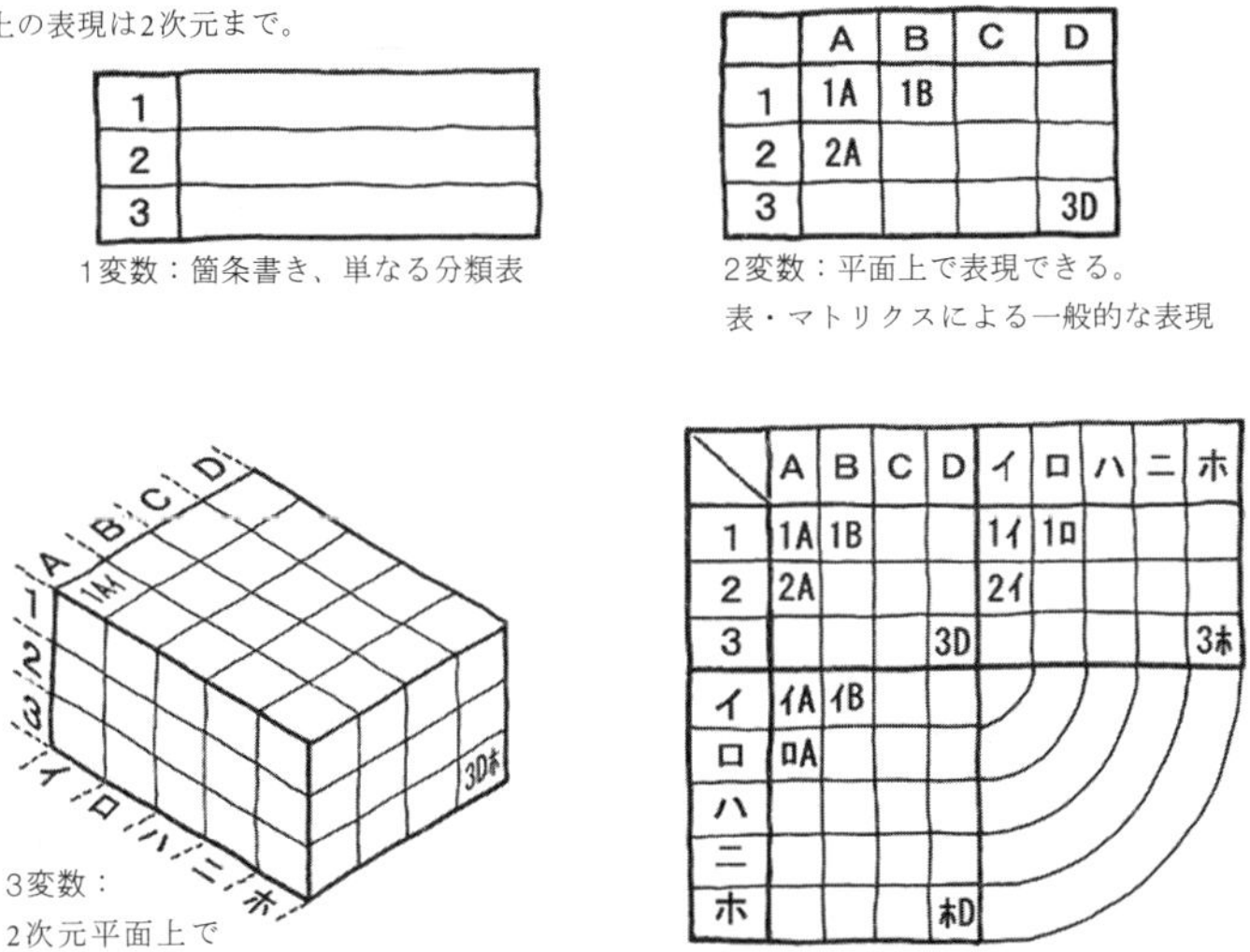

1変数：箇条書き、単なる分類表

2変数：平面上で表現できる。
表・マトリクスによる一般的な表現

3変数：
2次元平面上では表現できない。

こんな図もあるが、あくまで2変数の組合せ。

マトリクス表示は2次元まで

表はデータの整理のツール

文章の形でだらだら書かず、できるだけ箇条書き(039参照)や表組みにしたほうが、データのまとまりが視覚化されて、全体の構造が把握しやすい。しかし罫線の枠に入った状態では、文書作成時の操作性は低下する。エクセルのデータをワードに貼り込んだ後は、表計算の便利な機能が失われ、罫線のある表では書式がうまく揃わないなど、思うような操作ができない場合もある。手書き時代に比べて格段に便利になったが、かえって不便になった面もないわけではない。ソフトに「使われる」のではなく、自分の都合のいいように「使う」よう心掛けよう。

表は2軸のマトリクス

分類観点が単一であれば単に箇条書きにするだけでもよいが、分類観点は複数ある場合が多い。しかし多次元分類は平面には表せないので、通常は最も代表的な二つの分類軸の組合せで表すことになる。前述のように、3次元以上では平面上に表現するのは不可能であり、無理に3次元立体図を描いても、手間がかかるだけでかえってわかりにくくなる。

したがって分類表の多くは2軸のマトリクス、すなわち互いに独立した二つの分類観点の組合せである。この場合、単に枠に収めるだけではなく、縦軸と横軸を明確に意識・理解する必要がある。それぞれの分類軸は排他的・網羅的・論理的でなければならない。

日程表も座標を意識

会議等の日程調整で、候補日時を表にして都合を回答させることがある。候補の日付が多くて何段かにわたる場合は、曜日を揃えたカレンダーどおりの表、すなわち「週×曜日」の2軸マトリクスにするのが自然である。曜日が揃っていない中途半端な2軸の表では、週単位のカレンダーに慣れた者にとっては勘違いによる誤記入を誘う罠になってしまう。

候補日が離散的な場合は、曜日の軸を尊重すると空白（斜線）だらけの表になってしまうから、曜日とは無関係な表のほうが合理的である。しかし候補日が多い場合にまで曜日無視方式の回答欄をつくると、やはり間違いのもとである。よほど離散的で少数の候補日でない限り、カレンダーどおりのマトリクスがよい。

縦横軸を意識せよ：日程都合うかがいの例

よくある書式

下表の斜線以外でご出席可能な日時の欄に「○印」をお付けいただければ幸甚に存じます。何卒よろしくお願い申し上げます。

	11/17(月)	11/18(火)	11/20(木)	11/21(金)	11/24(月)
10～12時					／
13～15時					
15～17時			／		
	11/25(火)	11/27(木)	11/28(金)	12/2(火)	12/3(水)
10～12時					／
14～16時			／		
16～18時					

- 事務連絡に馬鹿丁寧な文体は不要。
- カレンダー配置と勘違いする恐れあり。
- 同じ文字（「時」）の繰返しは無駄。

改善案

出席可能な時間帯に○を記入して下さい。

曜	月	火	水	木	金
時間 ＼日	11/17	18	19	20	21
10～12			／		
13～15			／		
15～17			／	／	
	24	25	26	27	28
10～12	／		／		
13～15			／		
15～17			／		／
	12/1	2	3	／	／
10～12	／		／	／	／
13～15	／			／	／
15～17	／			／	／

- 共通項（曜日・時間帯）はくくり出す。
- 月は月替り日だけ記入。
- 候補日以外には斜線（網掛けはコピーで消える恐れあり）。
- 時間区分が不統一の場合はこの書式は使わない。
- 見ればわかることはいちいち書かない。

候補日が離散的な場合の書式

出席可能な時間帯に○を記入して下さい。

月	日	曜	10～12	13～15	15～17	備考
11	21	金				
	28	金				
12	2	火			※	※16～18時
	8	月				

- 日程が離散的な場合は縦1列配置とする。
- 月欄の仕切りは月替わり以外は不要。
- 数字は桁位置を揃える。「日」が1桁の場合は右詰め（中央にしない）。

※印：回答者から遅刻予定、事務局から異なる時間帯、等の注記。
　　少数の欄だけに必要な注記は記号で対応して備考欄に書く。

分類軸はT字型

手法の体系化などという網羅的・総論的な研究を行う場合、幅広い対象すべてについて精密な内容を説明することは不可能である。すべてを詳細に説明したのでは、複雑・巨大すぎて全体像がわかりにくい。

こういう論文を発表する場合は、まず全体の広がりを説明し、いくつかの典型例について詳細かつ具体的に説明し、それ以外については「以下、同様に考えればよい」とする。全体について「粗」レベル、少数の事例について「密」レベルの説明をするわけである。無論そのためには、対象となるものの「全体」が網羅的・体系的に整理してあり、典型例とする対象の選択が適切でなければならない。

全体像と部分詳細

この考え方を視覚化すれば、対象全体を横軸、詳しい内容を縦軸、とするマトリクスで表現できる。すなわち、マトリクス最上段(横軸)では概略的レベルでの全体の広がりを説明し、

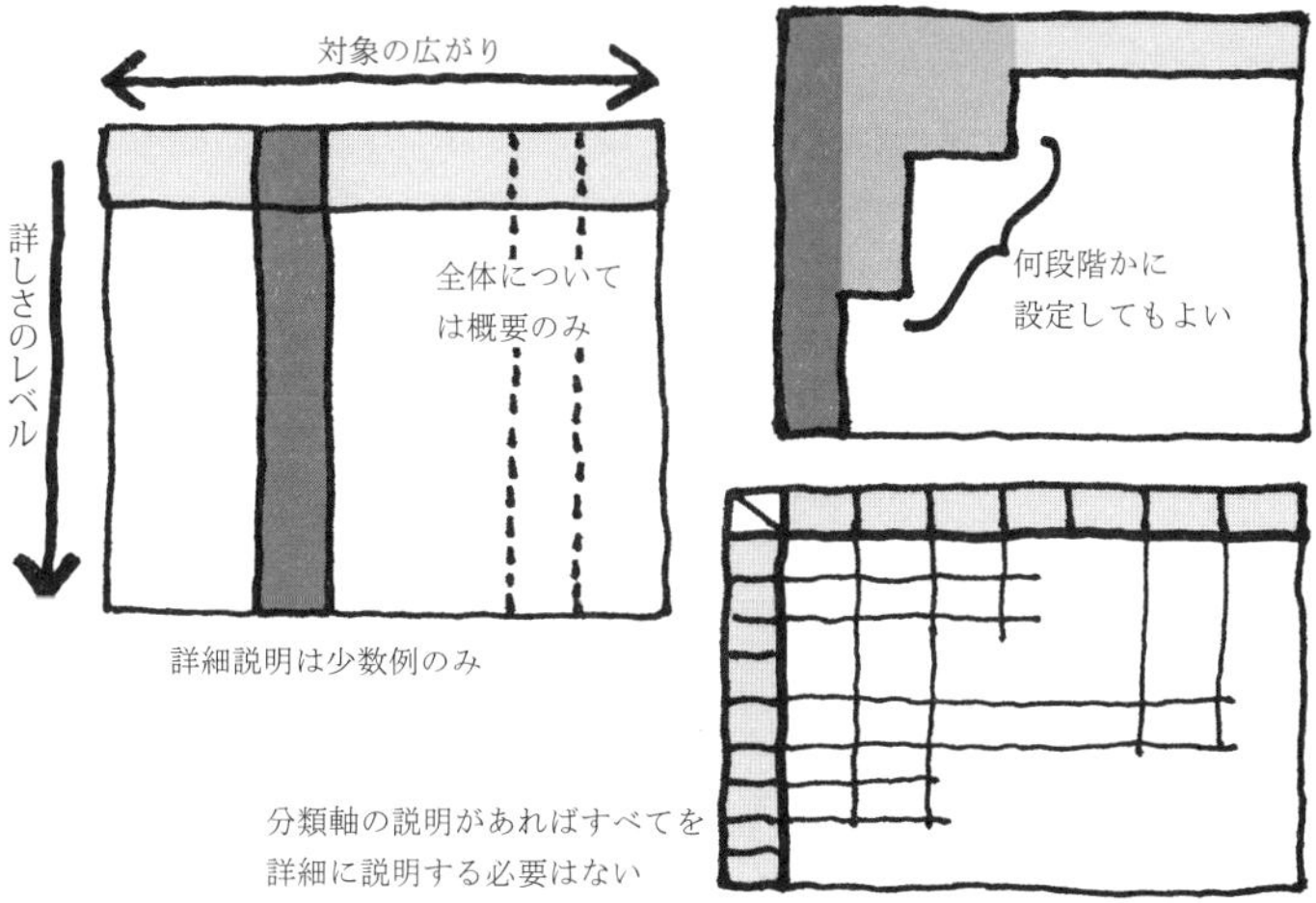

分類軸はT字型

代表例を詳しく説明するのは縦1列（または少数の代表列）だけでよい。すなわち「T字型」で全体を代表して説明するわけである。

代表例だけ発表せよ

この場合、粗・密の中間形があってもよい。全体については粗のレベルで、一定数の事例について中間的な詳しさで、少数（最低1例）を詳細に説明する。この方法は「手法の体系化」に限らず、大きな集合を対象とした説明全般に適用すべき原則である。

これには「便法・逃げ道」的な解釈もある。当初予定した作業が完了していない場合でも、わかりやすい少数の典型例の詳細を示しておけば、具体的な成果がアピールできる。論文発表や審査をクリアしたら、残りの作業は本論提出までに完成させればよい。

表の端には集計欄

マトリクス状の整理では、分類軸ごとの集計・解説や、分類肢全体の共通事項等の説明が必要な場合がある。そのためには、表の縦横の各欄の最後に共通事項・小計・備考などの欄を設けておくとよい。単純な数量の整理表では縦軸・横軸ごとの集計欄が一般的だが、それと似た形になる。前述の「分類には『その他』」（082）と類似の概念である。

一部のデータだけ字数が多いと所定の表にうまく収まらない場合がある。最大字数に合わせたのではスペースが無駄だが、欄が小さすぎると説明不足になる。その表だけで完結するためには備考欄を設け、補足事項や所定欄に書ききれなかった内容などを（※印などで対応づけながら）補足しておくとよい。類似標語に「表にはすべて備考欄」がある。

大きな表にはインデックス

分類表が巨大になってページに収まらない場合は、データは大幅に簡略化（または掲載せず）して縮小版のインデックスを作成し、詳しいデータは分割して掲載する方法がある。

類似標語　028「情報には出典明記」 053「書式は早めに決めておけ」 082「分類は粗から密へ」

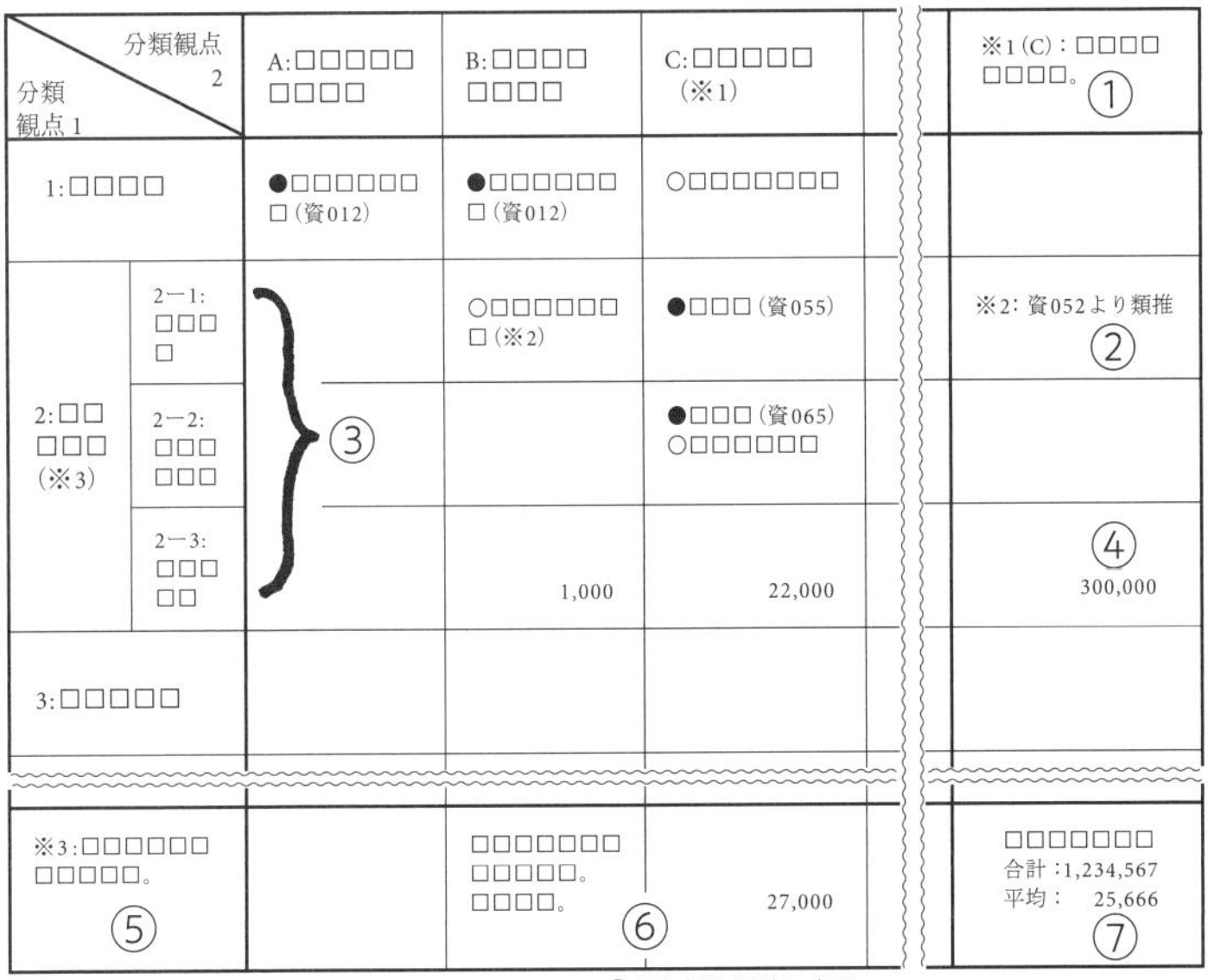

分類観点2
分類観点1
A:□□□□□□□□□
B:□□□□□□□□
C:□□□□□(※1)
※1(C):□□□□□□□□。
①
1:□□□□
●□□□□□□□□(資012)
●□□□□□□□□(資012)
○□□□□□□□□
2:□□□□□(※3)
2−1:□□□□
2−2:□□□□□□
2−3:□□□□□
③
○□□□□□□□(※2)
●□□□(資055)
●□□□(資065)
○□□□□□□□
※2:資052より類推
②
1,000
22,000
④
300,000
3:□□□□□
※3:□□□□□□□□□□□□。
⑤
□□□□□□□□□□□□□□。□□□□。
⑥
27,000
□□□□□□□□
合計:1,234,567
平均: 25,666
⑦

①分類観点2の共通事項
　分類肢が欄に収まらない場合の注記等
②各欄に収まらない内容／行ごとの共通事項
③分類の論理構造の図示
④数表の場合は集計(合計・平均等)
⑤列も行と同様に表示
⑥列ごとの共通事項
　数表の場合は④と同様
⑦表全体の共通事項・まとめ
　数表の場合は全体の集計

表には縦横に集計欄

表は見やすさ重視せよ

手書き時代には文字や図のサイズが比較的自由であったが、パソコン導入で字数の制約を受けるようになった。著書や論文にマトリクスを多く掲載したが、字数調整には苦労した。昨今ではフォントサイズや図などの自由度が格段に増え、表作成が楽になった半面、仕上がりが不揃いな面もある。文字サイズに制約があった時代には制限文字数内でいかに表を設計するか苦労したものだが、でき上がった表は書式が揃っていた。情報の正確な表現のためには、表は見やすさが大切である。

分類は無限の有限化

体系的に分類することの意義は、一言で言えば「無限にあるものを有限の軸で捉えること」にほかならない。無限にあるものを無限のままにしておいたのでは、全体像など把握できるはずがない。分類観点すなわち体系軸が確実に整理されていれば、分類の内容は分類軸の組合せで十分に説明できる。したがって、分類軸の掛合せのすべてについて詳細に説明する必要はない。体系的な分類は全体像の把握のためでもあるから、本来そういうものなのである。

分類軸の説明だけでも

具体的には、各分類軸についてその分類の論理的な説明をした上で、それらの組合せ（掛合せ）である具体的な個々の分類肢については、主な例（典型例、代表例、特に変わった例など）だけを説明しておけば、「以下は同様に分類肢を組み合わせればよい」とすればよい。分類軸だけ説明しておく方法は、ある種の「便法」ではあるが、分類が論理的に正しければ、体系的分類の正統な手順なのである。

類似標語　028「情報には出典明記」　085「分類軸はT字型」

どうやっても、まとまらない……。
要するに混乱中。
体系化　網羅的
論理性　分類肢
体系化が無理ならアラカルト。
まずはこんなのをまとめてみたら？
体系的分類は基本だが、完璧な分類体系の構築は容易ではない。
分類の基本方針と典型的事例を提示することは、自分にとっても全体像の把握になる。

体系化が未完なら事例を示せ

統計無理でも典型例

分類は体系的であり定量的データの裏付けが必要だが、これは理想論でもあって、常に完璧なものが実現できるとは限らない。集計にたえる数のデータが集まらない、あるいはデータは集めたが処理が間に合わないなど、本来の形で示すことを断念せねばならないこともある。

こうした場合、代表例や典型例を示すことでおおまかな傾向だけは伝え、取りあえずの結論としておく、という逃げ道がある。ただし、本来求めていた成果の追求は当然必要で、不完全なものを、さも完成したかのように見せるのでは偽装と言われてもしかたがない。前述（028参照）の「●」（黒丸）や「○」（白丸）の記号についても、「最初は○で構わないが、早く●を増やせ」と、常に言っていたものである。

不完全でもまとめが必要

論理的に完璧な分類が未完成の場合に当座をしのぐ方法として、具体例を挙げて「○○に類するもの」という分類肢にしてしまう、という逃げ道もあり、体系化にこだわらない場合は特に問題はない。具体的な分類の検討が煮詰まらず（「行き詰まる」ことを「煮詰まる」と言うのは誤りで、「煮詰まる」は「結論に至る」という肯定的な意味）、論理的な分類の作成が間に合わない場合は、取りあえず分類観点や分類方法だけ示しておくという手もある。

体系化が無理ならアラカルト

そうは言っても、こうした「便法」が本来の「分類」ではないのは言うまでもない。しかし「分類は体系的であるべし」という信念などには縛られていない世間一般の視点から見れば、体系的であろうとなかろうと、「わかりやすく実用的な分類」であれば、実用上で困ることはないであろう。分類の論理性にこだわりすぎて「当座をしのぐ逃げ道」などと卑下する必要はないのかもしれない。

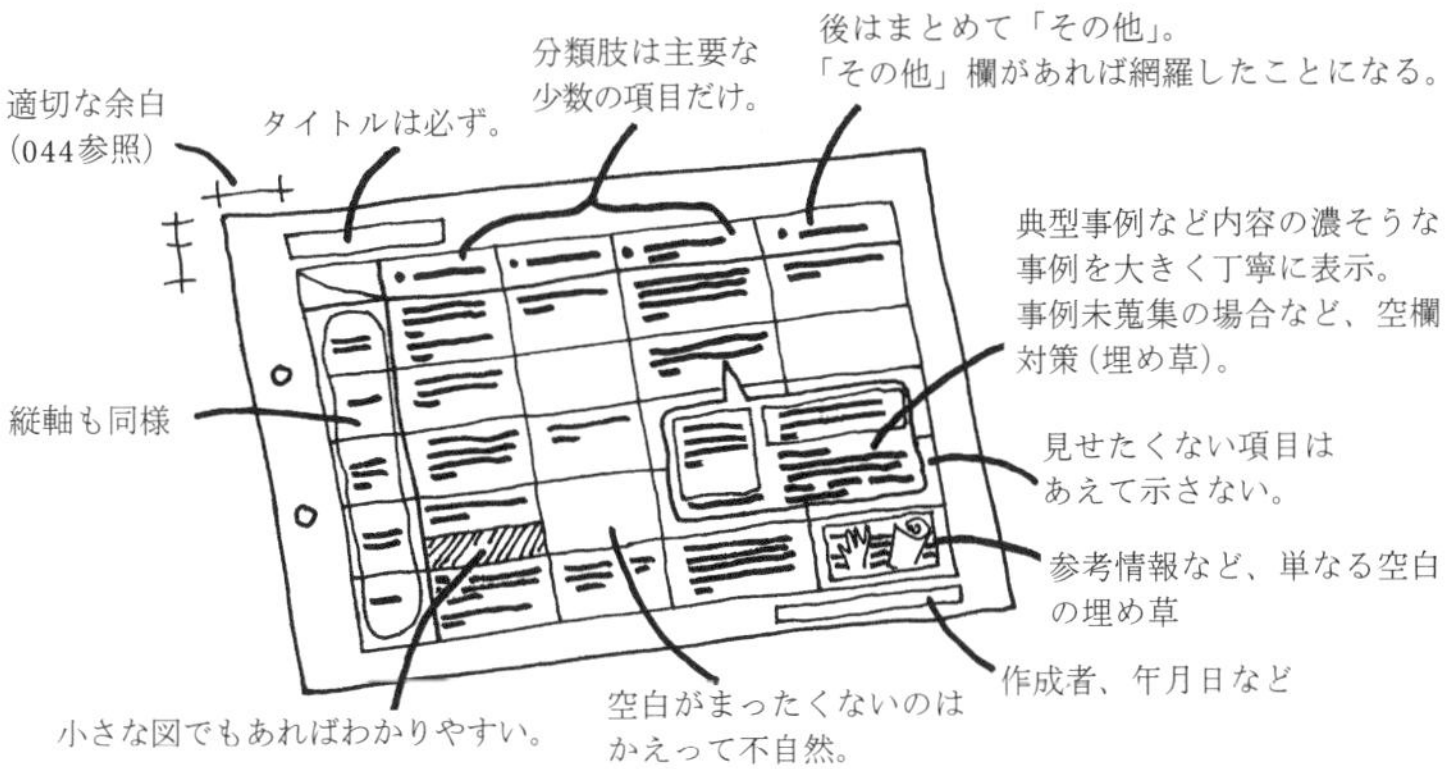

未完成でも発表せねばならない場合がある。偽装・捏造は論外だが「見せ方」にはコツがある。

未完成でも形にしよう

迷ったときは具体例

「迷ったときは具体例」には、こうした「便法・逃げ道」ではなく、本来の意味もある。分類に完璧な論理性を追究するうちに論理は次第に純粋化し、現実からかけ離れた抽象的なものになって、かえって曖昧になることがある。そんな場合は初心に返って具体例を当てはめてみる。何事も行き詰まった場合はいったん元から考え直すことである。

表を書いたら記入例

分類軸を作ったら実際にデータを当てはめてみて、矛盾や誤りの有無を確認する。書式を作ったら記入してみるのと同様である。ただし、具体例を当てはめればイメージしやすいが、時に「わかったような気になる」だけ、の危険もあるので要注意。

空欄なれども意味がある

さまざまな構法の事例を収集・整理する場合、一覧表に空欄があると、そのような事例が論理的にあり得ないのか、単に実例が見つかっていないだけなのか、区別がつかない。前述（028、087）のように、研究室で決めていた書式では、●印が「裏付け資料あり」、○印が「裏付け資料はまだ無いがあり得ることが自明、など」と記号を決めていた（「など」が付くのは、●以外にはいろいろなケースがあるため）。

空欄は「不明」、無い欄には理由

この場合、ある条件のデータが論理的にあり得ない場合はその欄に「×」印などを記入して、その理由を書いておくルールにしていた。したがって、空欄は「該当なし」ではなく「未調査」であり、追加調査の課題を残す箇所であることを示している。こうしておけば、同系統の研究を継承する場合に調査すべき対象・内容が明白である。このように、表の空欄の意味は、明確にしておく必要がある。

類似標語　028「情報には出典明記」　077「違う言葉は字数を変えよ」　087「分類は無限の有限化」

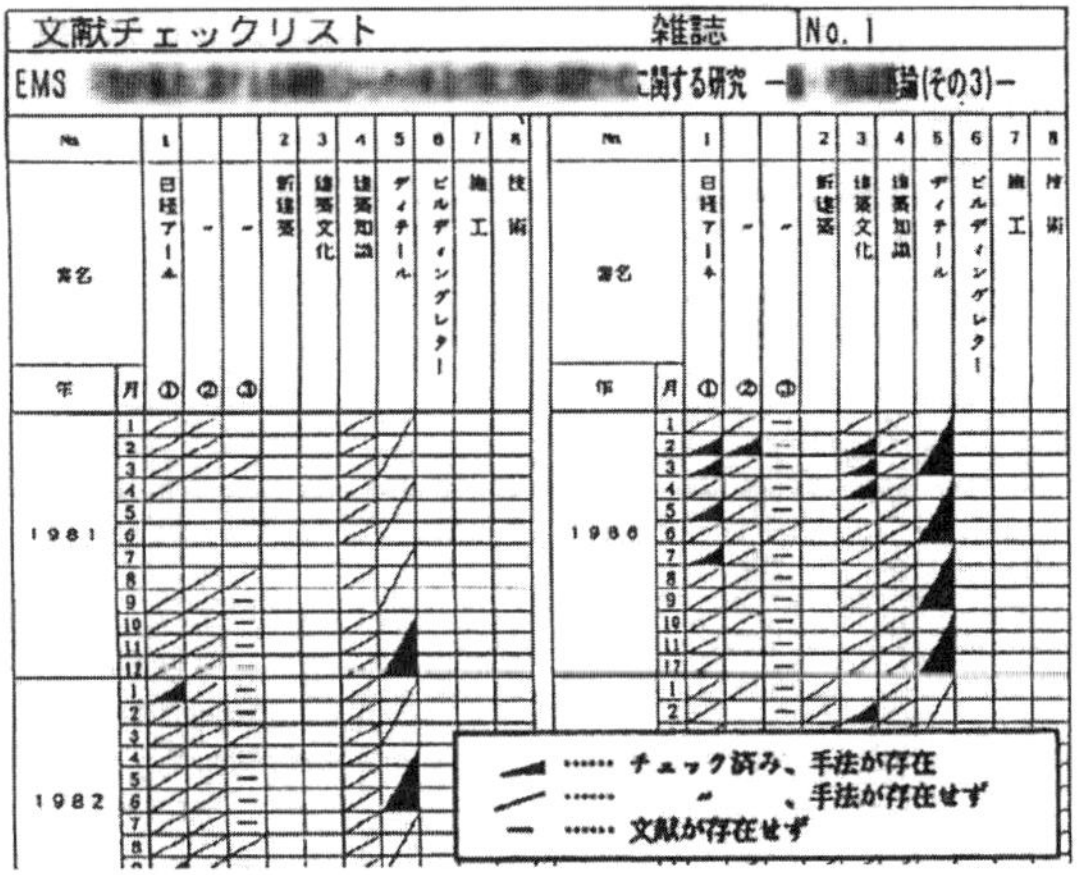

あるテーマの雑誌記事調査の管理表の例

チェック済みのほかに、情報の有無も表示。
文献自体が存在しない場合にも、必ず表示。

空欄は「未調査」、いずれ埋める必要あり。
意味が曖昧な空白を残してはならない。

文献調査はリストで管理

チェックリストはこまめに作ろう

手法の体系化に関する研究では、あるテーマに関する記事を、特定の雑誌の指定年月範囲の全巻について調査する作業をしばしば行った。この場合、対象誌のどの範囲（年・月）がチェック済みかを明確にしておく必要がある。筆者が大学院時代に作った「雑誌チェックリスト」の書式では、チェック済み（関連記事あり）・チェック済み（関連記事無し）・未チェック・欠号（海外の雑誌には夏季休刊があった）等を区別する記号を決めていた。資料収集の対象になった雑誌に『日経アーキテクチュア』誌や『ディテール』誌があったが、こうした月刊ではない雑誌の場合はチェック欄の書式に工夫を要した。こんなことを考えるのも、頭の整理にはよい刺激であったことを思い出す。

理論と資料は別の分類

集めたデータや出典文献は一定のルールで付番してリスト化しておく。分類体系があらかじめ決まっていればそれに従って分類していけばよいが、研究の初期段階では分類体系が未完成の場合が多く、特に新たな研究テーマの場合は、それが一般的である。前述(080)のように、知識の集積段階で分類体系が未完成であっても、集めたデータは何らかのルールで整理しておかねばならない。

データはひとまず粗分類

収集したデータは、取りあえず出典別・収集順など、現実の作業に即して分類しておくのが一般的である。具体的には、おおまかな分野(一般で言う分野別)、資料の形式(書籍・雑誌・カタログ・画像等、判型寸法など)、具体的文献名などで大別し、収集順に付番しておけばよい。この段階では、分類体系の論理性よりは、なるべく手間が掛からず、実用に即した分類にしておくのがよい。

ネット検索で得る情報

たしかに効率良く調べることは可能であるが、検索にヒットした情報以外は、見ないことが多い。

ページをめくって文献調べ

たしかに手間は掛かるが、目的以外の情報も目に入る。それとなく見る情報が役立つ場合も。

ついでにそれとなく見ておこう

収集対象の文献はリスト化が必要だが、当初から全体像が固まっているわけではなく、調査対象の追加・変更は当然ある。まとめの段階で十分な時間的余裕があれば、文献リストを五十音順などで付番し直せばよいが、そんな余裕はまずない。多量のデータの出典番号を入力し直す空しい作業は無駄と間違いのもとだから要注意である。

ついでにそれとなく見ておこう

現在では、データは電子化が前提だから、この話もすでに時代遅れかもしれない。しかし、ランダムに集積されたデータをパソコンで検索して「ヒットした情報だけ」を見るのには、どうもなじめない。たまたまどこかで見た知識が意外に役立つ場合もある。調べ物の際に対象外の情報を「ついでに、それとなく」見ておくことは、アイデアや知識の拡大の基本である。

目次は中身の分類表

目次は、単に項目を箇条書きにするだけでなく、階層構造が視覚的にわかる表現にしておく。具体的には、図のような「分類表」の形にする。最上位が「1（または『第1章』）」、次位が「1－1」、その下位が「1－1－1」で、まずはここまでの階層に留めておく。

さらに下位のレベルは、一般に「1）」または「a）」だが、文字の種類を増やさぬためには「1）」を使う。目次全体の階層（ネスティング）の深さは、3層か、最大限でも4層に留める。階層区分が不足する場合は、本文中に箇条書きを挿入するなどの工夫で、目次の階層レベルを際限なく増やすのは避けたほうがよい。

目次のレベルは図式化せよ

このような階層的な目次構成の場合に、「1」と「1－1」の間や「1－2」と「1－2－1」の間に本文を書く人がいるが、ここには本文が入ってはならない。図のような分類表形式の目次にすれば、最下位レベルだけに本文が対応するルールが自動的に成立する。

部	章	節 ①	項	概要 ②	頁 ③
第一部 本　編	1．研究の概要	1－1．本研究の背景	1－1－1．耐久性評価の現状	材料業界個別の現状	11
			1－1－2．性能規定と耐久性評価	部位別材料共通性能	11
			1－1－3．共通評価手法の必要性	同上	11
		1－2．本研究の目的		類似研究にも言及	12
		1－3．本研究の概要		図示すること	13
		1－4．本研究の対象	1－4－1．対象とする部位	既往研究の分類に準拠	13
第2部	2．対象とする材料の分類	2－1．本研究に於ける材料の捉え方		真鍋研既往研究に準拠	51
		2－2．材料の分類	2－2－1．材料の分類の概要	対象範囲、分類観点等	53
			2－2－2．屋根仕上材料分類	既往研究による材料のレビュー	58
第3部	5．本研究に於ける耐久性の概念	5－1．概要		真鍋研既往研究に準拠	98
		5－2．耐久性と耐用性の定義	5－2－1．本研究に於ける定義	〃	99
			5－2－3．既往文献に於ける定義	従来概念との相違点	101
資料編	9．資料	9－1．文献	9－1－1．一般書籍		405
		9－7．発表関係資料	9－7－1．梗概	例年にならう	436
			9－7－2．学内発表パワポ	全36ページ、標準8分	440
			9－7－3．質疑応答記録	腹が立っても冷静に	461
その他	謝辞				463

①下位レベルがある場合は、このレベルに本文は対応しない。
②全体構成の把握にはきわめて有効。作業中は進捗管理などのメモ用に有効。
③ページ番号は最下位の（対応する本文がある）レベルだけに付ける。

目次は中身の分類表

勝手な記号を使うべからず

「A)」・「(1)」・「ア)」・「あ」・「イ」など右記以外の文字や、「◆」・「○」などの記号は、目次の階層が曖昧になるから使うべきではない。法規の文書などで「2」だの「三」だの「ロ」だのが、数ページにわたる本文中に突然出てくることがあるが、階層構造がわかりにくい典型であり、わざとわかりにくくしているのではないかと勘繰りたくもなる。

最後の小分類だけに「イロハ…」を使うのも風情があってよい。昨今ではイロハを最後まで言えない者がいるようだが、小項目数が48も並ぶことはまずないとはいえ、日本人としてはなさけない。

枠だけ書いても表にはならず

（論理がなければ議論にならぬ）

たとえば2次元のマトリクスで整理する場合、「何となくこれが主要な分類観点だろう」程度の考えで「適当」（というより「テキトー」）な、まず頭に浮かぶわかりやすい分類観点を二つ「ばかり」選んで表を作ったのでは、形にはなっていても論理が成り立たず、後に破綻をきたす。2次元マトリクス「っぽい」枠に当てはめて表を作れば一応の整理にはなるものの、論理性・排他性・網羅性を満たさなければ正しい分類にはならない。でも、たしかに「分類した」（ように見える）形にはなる。

第十章

発表の方法

最終章は発表に関する標語である。研究成果の発表に限らず、人前《ひとまえ》で発表して内容を正しく理解してもらうには、それなりの技術やコツが必要であることは言うまでもない。

中には「発表よりも中身が大事」などと言う者もいる。卒業論文発表会における筆者の研究室の(服装・発声・姿勢などにも留意した)きちんとした発表態度を、冗談めかして揶揄《やゆ》する教授もいた。しかし、いくら内容が優れていても、発表が稚拙なために理解してもらえないのでは、発表は失敗である。

この章では、発表に際して必要な注意事項について述べる。これは研究論文の発表に限らず、人に説明して理解してもらう場合の基本であり、さまざまな機会に共通するものである。

発表時には台本見るな

人前で発表するにはそれなりの準備と練習が必要である。しかし中身が良ければ発表は下手でもよいと信じているのか、あるいは単に練習不足なのか、発表技術は全般に稚拙である。聴衆の目を見つめながら語りかけるのは理想としても、下を向いたままでの原稿の棒読み・機銃読みは論外である。せめて時々は聴衆を見ながら、堂々と話そう。

さらに、短い時間の発表なら、できれば原稿なしで行いたい。台本を見ながらではついつい読むのが速すぎることがあるが、聴衆を見る余裕が無い状態ではその反応もわからない。自分が書いた論文を説明するのだから、原稿を見ずに発表するのはさほど難しいものではない。

暗記するより内容把握

原稿の丸暗記ばかりに重点を置きすぎると、いったん躓《つまず》くと次の文言が出なかったり、発表は威勢がよいが質疑応答で急にしどろもどろになったりすることがある。練習は大切だが、原稿の丸暗記に陥ってしまうと、直前の発表練習で改善を指摘されても、修正は利かない。発表

類似標語　094「パワポの画面はキーワード」　097「指し棒の先を意識せよ」

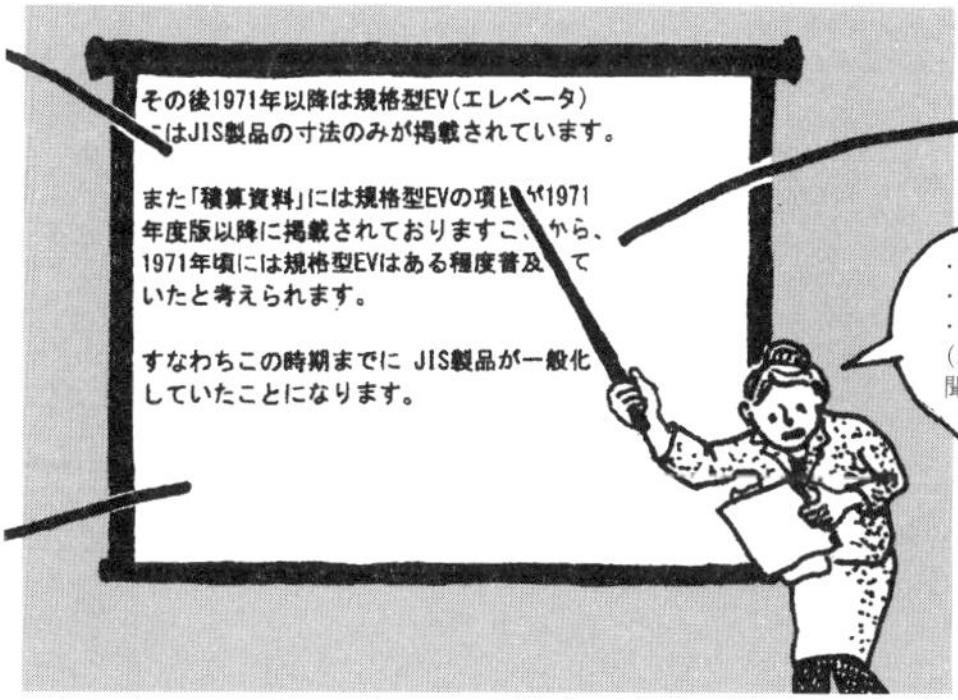

よくある「下手な発表」風景

人の目を見てはっきり話せ

内容を十分に把握し、質問には自信を持って対応できる準備が欲しい。

なお、原稿なしで発表する自信が無い場合でも、発表スライドの画面にキーワードが書いてあれば何の心配もない。

要点押さえて自由な発表

さらに理想を言うと、発表内容は完全に頭に入っているのが前提であり、たとえば要点だけを1分で話せと言われたら1分で、10分と言われたら10分と、持ち時間に応じた発表ができるのが理想である。丸暗記とは決別してそんな練習をしてみるのもよい。用意した内容を話すだけではつまらないから、場の雰囲気や直前のハプニングも折り込んだアドリブを加える臨機応変さ、までは望まないにしても、下を向いて原稿を読み上げるだけの発表は避けたい。

説明は電話でわかるように

画像などの補助手段がなくても「耳で聞く言葉だけで必要な情報が的確に伝わる」ことは、電話に限らず、あらゆる言語的伝達の基本である。そのためには事前に頭の中を整理しておき、よほどわかりきった内容でなければメモを作って整理しておくのを習慣づけるとよい。

昨今では画像データの授受がきわめて容易になり、多量の情報の伝達も容易になった。しかし単に情報量が多いだけでは、かえってわかりにくいこともある。要点に絞った簡潔な表現で、まずは全体像を確実に伝えることが必要であり、言葉や文字は少ない情報量で必要なことを伝える基本的な手段である。電話だけでも要点が確実に伝達できるよう訓練しておきたい。

ナカグロまでも声に出せ

発表の際は、スライドの画面にはキーワードだけを示すが、言葉としては文章の形に補いながら話すものである。その場合は「・」(ナカグロ)も「声に出して」読むとよい。たとえば「A・B」を声に出して言う場合、「AポツB」、「AちょんB」等は論外として、文字通り「A(一

類似標語　009「有名どころは知っておけ」　027「他人の知恵も貴重な情報」　080「分類の前にまず知識」　090「理論と資料は別の分類」

情報伝達、言葉が基本

瞬の間を置いて）Ｂ」と読むよりも、「ＡとＢ」、「ＡやＢ」など、状況に応じた助詞などの「音」を補って話したほうが自然であり、素直に耳に入る。要するに「見ると聞くでは異なる表現」であることを認識する必要がある。

十を知って一の説明

人に物事を説明するには、十分な知識の裏付けが必要である。故事成語に「一を聞いて十を知る」があるが、それとは逆に、一のことを説明するためには十ぐらいの知識が欲しい。発表に対する質問も、関連事項を熟知していなければ満足な受け答えができない。原稿を読む以外に何も説明できないのでは、他人の原稿を読んでいるのと同じである。どんな質問にも自信を持って答えられるように、関連知識はなるべく幅広く調べておこう。

パワポの画面はキーワード

パワーポイント（パワポ）等の画像による発表が一般化し、表現の自由度が格段に大きくなったが、発表手法の選択やデザイン以前に、内容自体が最適化されていないものが多い。前述（092）のように、画面に表示する文字に「です・ます」調の発表台本をそのまま張り付けたものなど、明らかに手抜きで、視覚情報として不適切なものがある。

文章を表示して読み上げるのではなく、発表したい概念を、語句・箇条書き・図表等で視覚的に表し、それらの論理関係に合わせたレイアウトにする。文章をそのまま貼り付けたのでは、冗長な上に文字が小さくなってしまう。映写文字は最後列から読める大きさが必要である。余白の効果は否定しないが、貴重なスペースを意味なく空白にしておくのは無駄である。

焦《じ》らすアニメは欲求不満

掛け図、ＯＨＰ、パワポと発表の方法も進化し、アニメーション表現などのさまざまな演出効果が可能になった。こうした技術は大いに活用すればよいのだが、過度な表現は本末転倒で

類似標語　092「発表時には台本見るな」

発表の進行に沿って順に映写する方式
説明あるまで空白のまま。
文字が小さく空白目立つ。
先の予想がつきにくい。

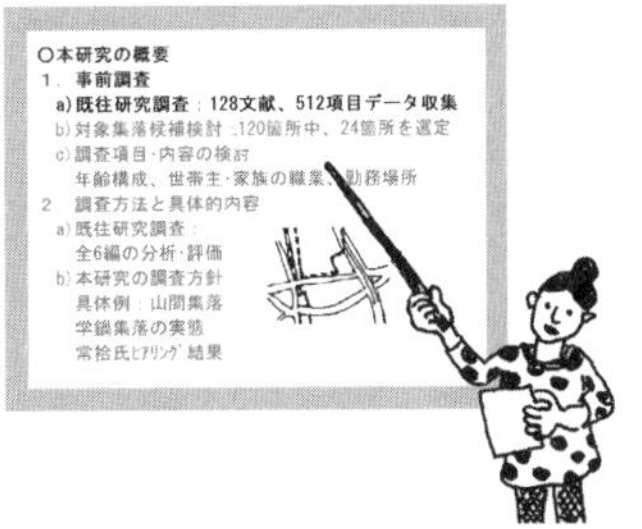

最初からページ全体を表示しておく方式
先行映写で「予習」が可能。
まだ説明していない範囲は薄字で
示す方法も。

空白画面で焦らさない

あり、必然性のない表現は避けなければならない。

空白の画面に文字や図表が少しずつ順に現れてくるスライドを見ることが多いが、次の画像や文字がなかなか出て来ないのには苛々《いらいら》する。こんな演出が可能だ、などというデモンストレーションは不要である。発表内容に応じて必然性のある発表方法を選ぶべきである。

聞くと見るとは別機能

聴覚と視覚は性格が異なるから、シンクロさせる必要はない。口頭説明に先行して文字や図を見せておいても何ら問題はなく、むしろ次に話す内容を「目で予習」できるほうが理解しやすい。事前に見せるのは嫌だというなら、未発表部分を薄いトーンで表示しておいて、説明対象箇所を順に濃くしていくなど、工夫の余地はいろいろある。

095

大事なことは上に書け

床が水平な会場での発表では、低い位置の画像は前の人が邪魔でよく見えないことが多い。発表者がこれに気づかず、画面下部の文字を指して説明しても聴衆には見えていないことがある。重要な情報は高い位置に配置するなど、レイアウトの工夫が必要である。

映写機器のセッティングも、できるだけ高い位置に映写すべきである。天井ぎりぎりの高さまでスクリーンがあるのに、わざわざ上部を空けた画面ではもったいないが、発表者がそれに気づいていない場合がある。だからこそ発表前には余裕を持って、その会場で他人の発表を見ておくべきなのである。なおポインターの普及で指し棒の使用は減ったが、指し棒の場合は当然ながら棒が届く範囲に映写する必要がある。

スクリーンは下まで使え

画面下部には、たとえばタブのような表示で、発表の全体構成や、発表中の箇所の全体における位置などを示しておく。これによって、全体の流れや現在のスライドの位置づけがわかる。

類似標語　097「指し棒の先を意識せよ」

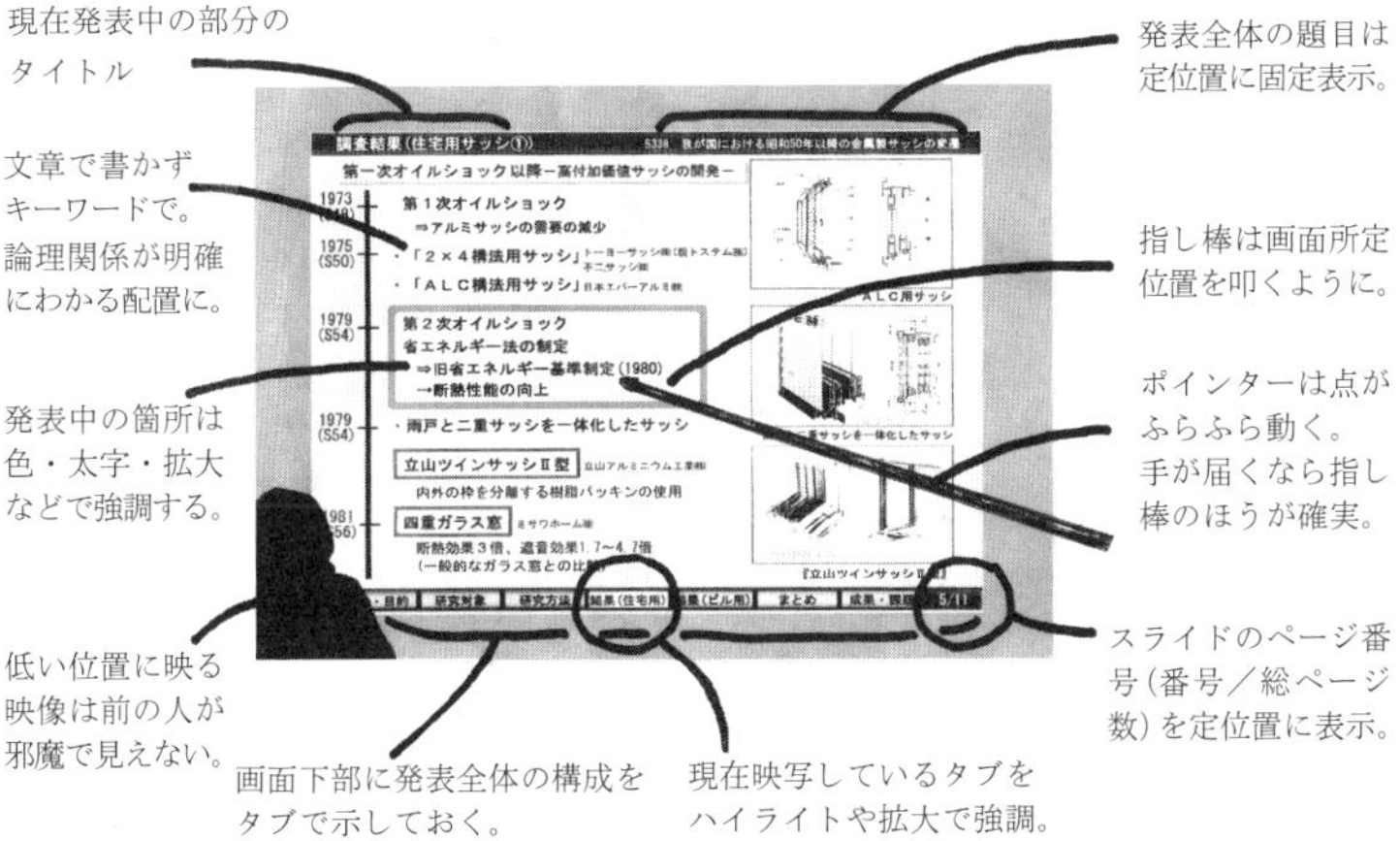

パワーポイント標準書式

こうした情報を画面下部に配置する理由は、「前の人が邪魔で見えなくても、致命的な問題はない」からである。せっかくある画面なのだから、隅々まで有効に使おう。

ページ番号は分数表示

近年では機器の機能・性能の進歩で、発表にも多様な機能を駆使したさまざまな表現が可能になった。しかし映写画像は一過性であり、全体像がつかみにくい点ではスライドや昔の「めくり式」掛け図と変わりはない。

その最低限の対策として、映像にはページ番号を必ず打っておく。通し番号だけでなく「8／20」のように「ページ番号／総ページ数」の分数表示にしておけば、進行状況が把握できる。いつ終わるかわからないのは、見ている側にとってストレスである。

全体像を常に示せ

ＯＨＰが主流になる前の発表用ツールは「掛け図」であったが、順次めくっていくものだから、全体像がわかりにくい問題があった。剝がした紙を順に床に落としていくスタイルもあったが、それでは落とした掛け図の順序がばらばらになって質疑応答には使えなくなる。

そこで筆者の研究室の卒論発表では、黒板いっぱいのサイズにつなぎ合わせた模造紙に、研究全体を示したものを作成していた。緩く巻いた状態で搬入し、展開しながら磁石で押さえて一瞬のうちに黒板に貼るが、当然ながらマグネットが使える黒板が前提であった。発表終了後はごそごそ巻いていると邪魔で時間もかかるから、2〜3人の補助者が長く広げたままで室外へ運び、廊下でゆっくり巻き取る。一連の動作は見事なパフォーマンスだったが、ＯＨＰ化以降、見せられなくなったのは残念である。

この「めくらない掛け図」は、パワポやＯＨＰ等の「一過性」の媒体とは異なって、常に全体像が「見えている」という利点がある。研究の全体像や内容の位置づけが一目瞭然であり、特に質疑の際には便利という大きな利点がある。ただし表示に誤りがあると最後までずっと見えているから、質問の際に突っ込まれる恐れがあるのが欠点であった。

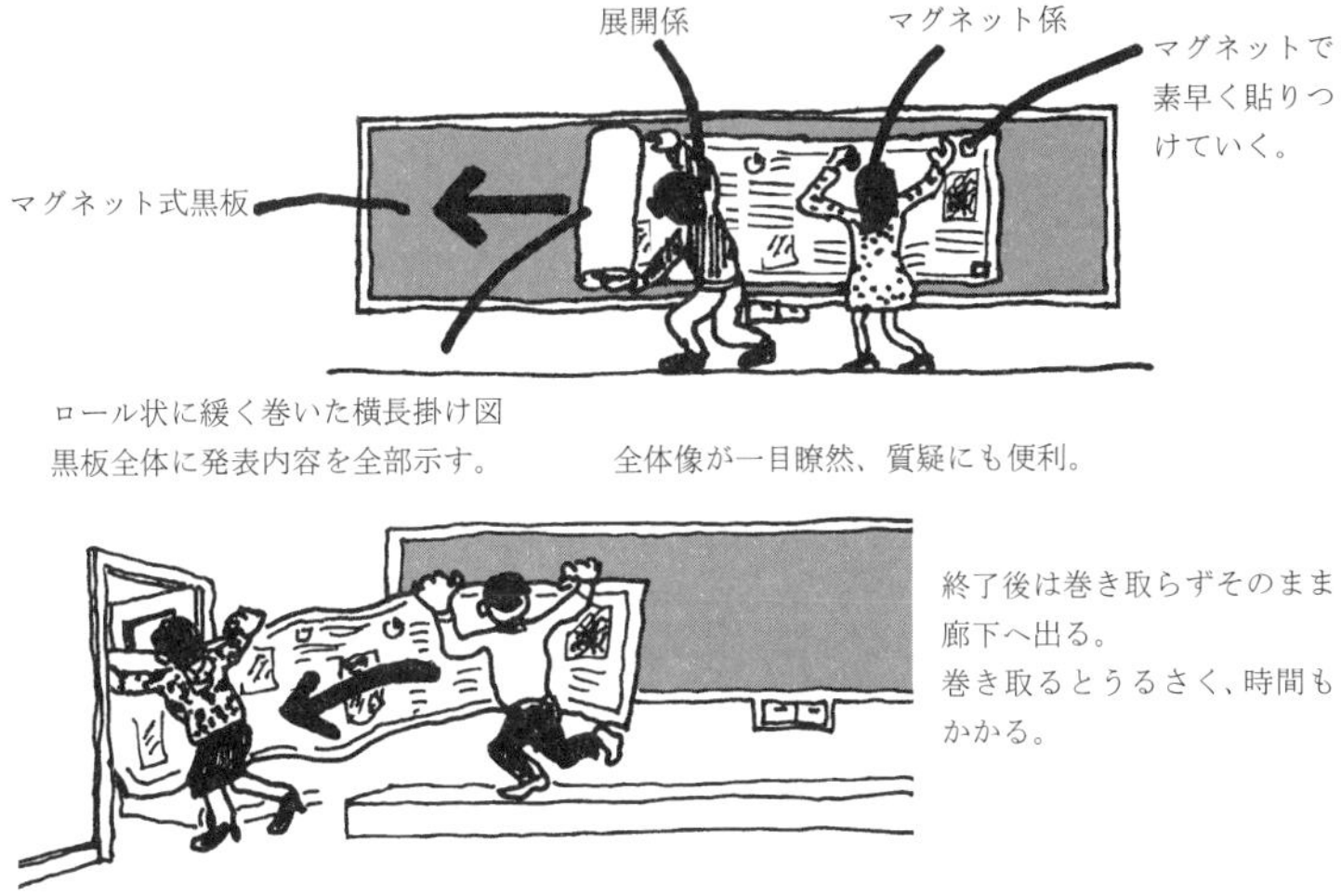
展開係
マグネット係
マグネットで素早く貼りつけていく。
マグネット式黒板
ロール状に緩く巻いた横長掛け図
黒板全体に発表内容を全部示す。
全体像が一目瞭然、質疑にも便利。
終了後は巻き取らずそのまま廊下へ出る。
巻き取るとうるさく、時間もかかる。

巨大掛け図で全体がわかる

掛け図の効果も再評価

一通りの説明が終わると質疑の時間だが、質問に対応した画面になかなか行き着かないことがある。特に映写の操作を発表者以外が行っている場合は、的外れなページばかり映って苛々《いらいら》することが多い。その点では、「めくらない掛け図」は質疑応答の際にも該当ページを探す必要はなく、すこぶる好都合であった。

ＯＨＰの時代には、建築学科独自の方式としてＯＨＰを2台使用していた。しかし実際には2台を巧みに使い分ける発表はほとんどなく、片方のＯＨＰには全体像だけを映しておくケースが多かった。こうした工夫をしているうちにパワポ時代になり、2画面併用は行われなくなった。時代とともに便利な機器が登場するが、使う側の工夫や能力が一層問われる時代になった。

097

指し棒の先を意識せよ

画面を指して説明するためにはレーザーポインターが一般的だが、昔ながらの指し棒にも良さがあり、特にポインターにありがちな細かい振動がない。発表を聞いている者は、一種の反射で指した位置に注目するから、発表者はその位置を常に意識している必要がある。原稿に気を取られて指す位置がふらふら動いたり、あらぬ方向を指したりすると、聴衆は戸惑う。これは発表者が画面を見る余裕がないためであり、発表の際に原稿を見る必要がなければこのような問題は生じない。

指し棒は単なる棒じゃない

指し棒は「棒」だが、単に棒の先を「点」として使うだけでなく、棒全体を「線」として使う方法もある。適当な角度でスクリーンに当ててグラフの回帰線やマトリクスの分類軸を示したり、ぐるりと囲んだ範囲を「面」として指示して範囲や図上の一群の要素を示すなど、いろいろな表現の工夫が可能である。

類似標語　092「発表時には台本見るな」　095「大事なことは上に書け」　098「プレゼの態度にもマナーあり」

データの比例傾向

マトリクスの軸

分布の範囲

指し棒は「点」を指すだけでなく「線」・「範囲」・「動き」など、いろいろな使い方が可能である。

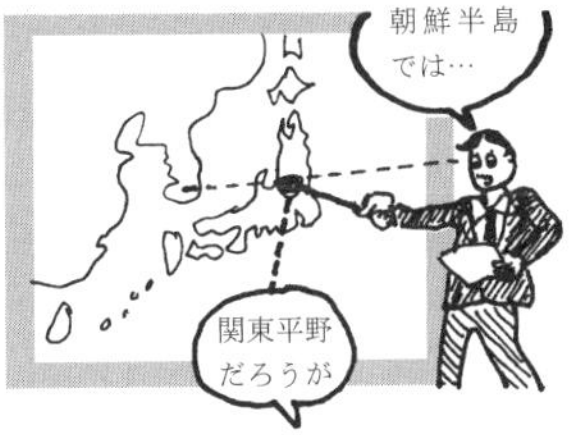

「あっち」を指したつもりでも、テレビでよく見る「指し違い」。見る側のことを考えよ。

指し棒の使い方も工夫せよ

指したい箇所は叩いて示せ

離れた所から指し棒や手で「あれは……」などと指す者がいるが、見る側からはどこなのかわからない。テレビの気象予報士がそうだったから我慢できず投書したが、棒を使わなくなっただけで相変わらず改善なしである。棒の先でスクリーンを叩くように該当箇所を指すのが基本である。

その点、レーザーポインターならば離れていても画面の指示は可能である。しかし「輝度の高い光点」しか示せない欠点に加えて、一般にふらふら動かしすぎで落ち着かないのも常に気になる問題である。ぐるぐる振り回して範囲を示す者もいるが、これでは目が回る。腕をテーブルや体に当てるなど、指示方向を安定させる工夫が必要だが、台本片手では不安定。やはり台本なしの発表が努力目標である。

プレゼの態度にもマナーあり

人前での発表や面接を受ける場合などに、もじもじしたり自信なさげに髪をいじったりするのは見苦しい。背筋を伸ばして毅然たる態度で受け答えすべきである。発声方法も、日常の一対一の会話ではなく「発表モード」に切り替えて、はっきり発音するように話す。

講義中に学生を指して何かを聞く場合、こちらは（小人数の授業ではマイクは使わないから）大きめの声で話すが、指名された学生はそういう意識がなく、席に座ったまま普通の会話モードで答えるから、よく聞こえないことが多い。個人同士の会話ではなく人前《ひとまえ》での発表や応答の際には、それを意識して、大きめの声で明瞭に話す必要がある（００６の図参照）。

首から上に手をやるな

人前に立つ場合は、首から上に手をやらないほうがよい。顔や髪を触る仕種《しぐさ》は肉感的で清潔感を損ない、公共の場、特に客観性が重視される場には不向きである。ぐにゃぐにゃした態度はみっともないだけでなく、失礼である。こうした注意事項は就職活動の指南書にもあるとは

類似標語　021「会議のしかたを工夫せよ」　097「指し棒の先を意識せよ」

後ろで合図も良いけれど……
発表者にカンペを見せたり大きな仕種で合図をするのは見苦しい。

丸めるのなら
台本持つな

ポインターのブラウン運動
ポインターの振動や指し棒を振り回すのは見る側には不快。

首から上に手をやるな
顔を触る仕種は人前ですると妙な不潔感がある。

カラオケマイクじゃあるまいし
小指を立てたり舐めるようにマイクを持つ者はいないだろうけど。

発表態度はスマートに

思うが、人に接する際の基本マナーである。

マイクに息を吹きかけるな

大きな声ではっきり話せとはいっても、発表ではマイクを使う機会が多い。マイクの調整は会場運営側の留意事項だが、講演者が気をつけるべきこともある。発表ではピンマイクを襟に挟んで話すことが多いが、発表中は主として画面のほうを見るので、マイクが逆の胸元に付いていると声がうまく拾えない。

マイクの性能にもよるが、息を吹きかけるとボーボーと風音が入る。これはマイクの位置や防風カバー（スポンジのキャップ）で対応可能であり、運営側の責任ではあるが、講演者が気づけば容易に対応できる。気づかない場合のために合図を決めておく方法もあるが、発表中は緊張して合図に気づかない場合がある。指し棒とマイクの使い方には精通しておきたい。

延長コードは伸ばして使え

研究発表に限らず、電気器具を使う際には、学生・教職員として電気の基本知識ぐらいは弁《わきま》えておきたい。たとえばワット数の大きい器具を使う際には、当たり前の話だが、延長コードも太いものを使わねばならない。

映写機器の光源が大電力の電球だった頃の話だが、発表練習をしている際に、2台のOHPの延長コードに、普通の太さ(細さ)のビニールコードを、しかも手製の合板製リールに巻いたまま使った学生がいた。当然ながらコードは発熱し、テーブルを焦がしてしまった。いまどきの理系学生は電気の基本も知らぬのかと愕《がく》然としたものだが、指導する教員の側では、こういう基本知識は弁えておられるのでしょうな。

マイクがなくても発表しよう

機器の性能や信頼性が格段に向上したとはいえ、故障ゼロの保障はない。講演直前や途中でマイクが不調になった場合は、会場の規模にもよるが、肉声で話す覚悟が理想である。声楽家

卒論発表練習時の
発火未遂事件
延長コードを手製合板リールに巻いたままで、当時は大容量のプロジェクターを使ったら煙が上がり始めた。すぐに気づいて火災は免れたが、電気の常識を知っていないのは危険である。
共用機器には故障が多い
正しい使い方を知らないための故障が多い。使い方を熟知して、新人にも教え込んでおこう。
延長コードは伸ばして使え

は大ホールでもマイクなしで歌っているのだから。それに、大勢の聴衆に向かってお腹から大きな声を出すのは気持ちが良いものである。

機器の扱い精通しよう

理系の技術者を目指すかどうかにかかわらず、マイクの接触不良や防風カバー脱落等の単純な不具合には、ただちに気づき、うろたえて過剰反応しがちな係員に的確な指示を出し、応急修理も自分でやってしまう、ぐらいの対応を期待したい。

ただし昨今の電気器具はブラックボックス化が著《いちじる》しく、自分で勝手に分解修理するのは事実上不可能(禁止)のような状況である。そんな場合はしかたがないが、身の回りの物品や道具については、簡単な修理や調整ぐらいは自力でできるようにしておきたい。

他人の発表よく聞こう

筆者の研究室では、学科内の卒業論文や修士論文の発表会では、研究室全員が全発表を聞くことをルールにしており、少なくとも大学院生はこれを守っていた。他の研究室にこうした習慣はあまりなく、他分野の発表は理解できないものと最初から決めているようだった。しかし異なる分野の研究発表を聞くことは、いろいろな意味で参考になる。研究テーマや方法にもいろいろなパターンがあるのは当然として、発表についても分野や研究室で「流儀」が違うのも参考になる。声の聞こえ方、映写文字の大きさや配置、ポインター操作等も、聴衆の立場で見て初めてわかる問題が多い。会場の様子もあらかじめ見ておけば安心である。ぎりぎりまで発表練習するのではなく、当日は落ち着いて他人の発表を聞く余裕が欲しい。

退席時には静粛に

学会大会でも、仲間の発表が終わると、まだ発表中なのにどやどやと退席していく者が多い。他の発表に何ら興味をみせず理解しようともしないのは偏狭な態度である。幅広い知識は学び

まだ発表は続いていても、自分の研究室の発表が終わるとどやどやと退場する
グループや、廊下に出たら大きな声で「終わった～！」と叫ぶ者まで。
せめて、そのセッションの最後まで聴くのが最低限のマナー。

どやどや出るのは無礼な態度

の基本であり、参考になる部分は少なくない。

研究室配属後はその研究室が生活の多くを占めるようになって、他の研究室のことは眼中になくなりがちである。しかし、親しかった友人が研究発表するのを見たいとは思わないのだろうか。発表を聞くことは発表者に対する礼儀でもあり、時間をかけて完成した研究の発表なのだから聞いて欲しい。互いの感想を話し合う機会があればもっと良い。

廊下へ出ても静粛に

自分の発表を終えて室外に出ると、解放感から他の聴衆のことを忘れ、「終わった、終わった～」とばかりに喧《やかま》しくなることが多い。自分の研究仲間以外は眼中にないのは、失礼な態度である。学生たちの挙動から見ると、退席する場合のマナーについてまで口煩《うるさ》く指導している教員は少数派のようである。

棒の先には要注意

（指揮者のタクトも凶器に変身）

指揮者ウラディーミル・アシュケナージは、時計仕掛けのようなぎくしゃくした動きが特徴である。あれじゃタクトを自分に刺しそうだ、などと冗談を言っていたものだが、筆者が見ている前で本当にタクトを左手に刺してしまったことがある。開演前と演奏中にかなり大きな地震があったので、緊張した所為《せい》だろうか。楽章の間に時間を取って、応急手当で1曲目は何とか振り終えたが、2曲目は代わりにコンマスが振った。尖った棒はいろいろな場合に使うが、扱いには注意が必要である。

あとがき

長年にわたって大学教授を務めてきたが、研究や講義に限らず、さまざまな面での学生の生活指導も、教授としての重要任務であると認識している。研究室ではいろいろな注意事項を、いわば「楽しみながら」徹底するために「標語」の形にしていたのだが、振り返るとよくまあこれだけ多くの「小言」を言い続けてきたと自分でも驚く。この本は、もはやリタイアした「元教授」が勝手な思いを書き連ねたものではあるが、読者の皆様に何らかの参考になるところがあれば、嬉しい限りである。

この本の内容は、建材試験センターの機関紙『建材試験情報』に、２０１２年7月～２０１５年10月の間「研究室の標語」として10回連載した内容をもとに、整理・加筆したものである。雑誌連載記事は１３５項目であり、各項目の字数もまちまちであったが、今回の出版に当たって出版社からは「全100項目、各項目見開き2ページ、全項目図解付き」が提案された。連載記事では48項目にイラストを添えていたのだが、「絵になりにくい」項目にもすべて図を描くのは、正直なところかなり大変な作業であった。それでも何とか出版に至ることができたのも、ひとえに、編集担当の鷹村暢子氏をはじめとする関係諸氏の忍耐と努力と叱咤激励のおかげ、と深く感謝する次第である。

出版にかかわって下さった皆様、ありがとうございました。学生時代に一緒に標語を考えてくれた研究室の諸君も、ありがとうございました。読者の皆様もこの本をお読み下さり、ありがとうございました。最後に標語を一つ、「有難かったらお礼を言おう」。

2018年12月　著者

著者略歴

真鍋恒博（まなべ　つねひろ）

1945年生まれ。東京大学工学部建築学科卒業、同大学院修了。
東京理科大学工学部建築学科で39年間教鞭を執り、名誉教授。
日本建築学会賞（論文）受賞（2000年）。

主な著書
『可動建築論』井上書院、1971年
『省エネルギー住宅の考え方』相模書房、1979年
『近代から現代の金属製建築部品の変遷』建築技術、1996年
『図解・建築構法計画講義』彰国社、1999年
『建築ディテール　基本のき』彰国社、2012年

マナベの「標語」100

2019年2月10日　第1版　発　行

著作権者との協定により検印省略

著　者　真　鍋　恒　博
発行者　下　出　雅　徳
発行所　株式会社　彰　国　社

自然科学書協会会員
工学書協会会員

162-0067　東京都新宿区富久町8-21
電　話　03-3359-3231（大代表）
振替口座　00160-2-173401

Printed in Japan

印刷：壮光舎印刷　製本：ブロケード

ISBN 978-4-395-32127-8 C 3052　http://www.shokokusha.co.jp